文都法考

2022年
国家统一法律职业资格考试

民事诉讼法
冲刺背诵版

杨洋◎编著

愿为你们的诉讼法复习
"加诉度"
杨洋

中国政法大学出版社

2022·北京

图书在版编目（ＣＩＰ）数据

2022 年国家统一法律职业资格考试民事诉讼法：冲刺背诵版/杨洋编著.—北京：中国政法大学出版社，2022.5
ISBN 978-7-5764-0446-3

Ⅰ.①2… Ⅱ.①杨… Ⅲ.①民事诉讼法－中国－资格考试－自学参考资料 Ⅳ.①D925.1

中国版本图书馆 CIP 数据核字(2022)第 089695 号

出　版　者　　中国政法大学出版社
地　　　址　　北京市海淀区西土城路 25 号
邮寄地址　　北京 100088 信箱 8034 分箱　　邮编 100088
网　　　址　　http://www.cuplpress.com (网络实名：中国政法大学出版社)
电　　　话　　010-58908285(总编室) 58908433 （编辑部） 58908334(邮购部)
承　　　印　　北京鑫海金澳胶印有限公司
开　　　本　　787mm×1092mm　　1/16
印　　　张　　6.25
字　　　数　　150 千字
版　　　次　　2022 年 5 月第 1 版
印　　　次　　2022 年 5 月第 1 次印刷
定　　　价　　30.00 元

目 录

第一单元　民事诉讼的基本概述

考点 1：民事诉讼法的性质和效力 ★

命题点一：民诉法的性质

1. 基本法（地位）；
2. 部门法（调整的社会关系）；
3. 程序法（内容）；
4. 公法（本质）。

命题点二：民诉法的效力

1. 对人效力：中国领域内进行民事诉讼活动的任何人；
2. 空间效力：中华人民共和国领域内。

【点睛之笔】诉讼法涉及国家的司法主权，因此只具有域内效力。

例如，中国 A 公司与美国 B 公司签订了一份货物买卖合同，双方在合同文本中进行了如下三个约定，分别判断这三个约定的效力：第一，关于该合同文本的解释适用美国合同法；第二，关于该货物买卖所产生任何争议由美国纽约所在地的仲裁机构进行仲裁；第三，该买卖合同产生的争议，即使在中国进行民事诉讼，也适用美国民事诉讼法。我们说，前两个约定是有效的，而第三个约定是无效的，解答问题的关键在于记住一条规律：实体法可以约定、仲裁法可以约定、诉讼法不可约定，因为诉讼法涉及国家的司法主权。

考点 2：基本原则 ★★★

命题点一：处分原则：主体、阶段

【陷阱提示】关于处分的主体，需要考生注意的是，无论是一般授权还是特别授权的委托诉讼代理人都能处分，所不同的是，经过特别授权的委托诉讼代理人可以处分实体权利，如承认、变更、放弃诉讼请求等，而一般授权的委托诉讼代理人只能处分部分程序性的诉讼权利，如申请回避、提出管辖权异议等。因此这里的经过特别授权的委托诉讼代理人指的是处分实体权利，并不是说一般授权的委托诉讼代理人不能处分。

关于处分的阶段，需要考生注意的是，处分原则适用于民事诉讼的全过程。如前所述，我们所说的民事诉讼一般包括审判和执行两个阶段，因此当事人不仅可以在审判阶段进行处分，在执行阶段亦可处分，如执行和解。

【点睛之笔】关于处分原则，法考在选择题中的考法主要有两种，其中近几年常以第二种方式进行考查。

第一种考法：法院的裁判应当以当事人的诉讼请求为限，不能超出诉讼请求而裁判，从而保持审判中立，不告不理。

例：甲向法院起诉，要求判决乙返还借款本金2万元。在案件审理中，借款事实得以认定，同时，法院还查明乙逾期履行还款义务近一年，法院遂根据银行同期定期存款利息，判决乙还甲借款本金2万元，利息520元。该判决就不符合法律规定，违反了民事诉讼的处分原则，因为原告已经放弃了利息的请求权。

第二种考法：诉讼中双方当事人可以约定哪些事项，这是处分原则的变形，因为哪些事项可以约定说明哪些事项是可以处分的。

例如，双方可以约定合同纠纷的管辖法院，却不能约定人身侵权纠纷的管辖法院；双方可以约定仲裁庭的组成人员，却不可以约定合议庭的组成人员。双方当事人可以约定举证期限，却不可以约定举证责任的分配。

命题点二：调解原则

1. 这里的调解通常指的是法院调解。

考生首先需要明确的是民事诉讼中的调解不区分审理阶段，因此，一审、二审和再审都能调解。

【点睛之笔】关于法院调解的消极范围，我提供一条记忆规律：调解的定义是法院行使审判权解决民事争议；调解的本质是私权处分。记住了这两句话我们就记住了法院调解的消极范围。

（1）既然法院调解行使的是审判权，那么执行阶段能不能调解？不能，因为执行阶段行使的是执行权。但是，执行阶段却可以和解。

（2）既然法院调解解决的是民事争议，那么我们民事诉讼中的非争议案件，典型的如特别程序、督促程序、公示催告程序就不能调解。

（3）调解的本质在于私权处分，因此对于调解的事项当事人必须有处分的能力，所以法律明确规定身份关系确认案件不能调解。尽管如此，身份关系确认案件不能调解，身份关系的解除，典型的如离婚案件，就可以且应当先行调解。

2. 调解的两个子原则——自愿和合法原则。

关于合法大家很好理解，考试也几乎不会考查，因为大家都知道调解不得侵害国家利益、社会公共利益，不得违反法律、行政法规禁止性规定等。因此，考试最常考的是自愿原则，这里的自愿有两点体现：启动自愿和接受自愿。启动自愿是指只有在双方当事人都同意的情形之下才能进行调解，即便是先行调解也必须征得双方的同意，当事人一方或者双方坚持不愿调解的，应当及时裁判；而接受自愿是指经立法院的调解双方达成了调解协议，并根据调解协议制作了调解书，但是在调解书送达前当事人仍然可以反悔，因为调解书的生效规则是签收生效。

命题点三：法律监督原则（检察监督原则）

检察监督原则是2012年《民事诉讼法》加以修改的一项原则。具体而言，变化体现在三个方面：

1. 监督阶段的变化。

检察监督的范围由原来的"民事审判活动"拓展至"民事诉讼"。民事诉讼是一个外延更大的概念，不仅包含民事审判活动，还包含执行活动。因此可以说，如今的检察监督是一种全方位的诉讼监督。

2. 监督方式的变化。

人民检察院进行法律监督的传统方式是抗诉，但是抗诉必须遵循上抗下（最高检抗诉最高院除外），即下级检察院发现自己同级法院的生效裁判有错误，只能提请自己的上级检察院进行抗诉，为了弥补同级检察院不能对同级法院抗诉的不足，2012年修改后的《民事诉讼法》增加规定，同级检察院可以对同级法院提出检察建议。

3. 监督职权的变化。

修改后的《民事诉讼法》赋予检察院一项新的职权，即检察院进行法律监督可以向当事人或案外人调查核实有关情况。

【陷阱提示】调解书原本是根据双方当事人的合意作出，不属于检察监督的范围，但根据《民事诉讼法》第215条的规定，检察院对于生效的调解书也可以进行抗诉了，但是此种抗诉我们称之为"调解书的有限抗诉"，仅限于调解书的内容损害了国家利益、社会公共利益。

【预测试题】以下关于民事诉讼基本原则说法错误的是：[1]

A. 督促程序中债务人依法提出书面异议是其行使辩论权的体现

B. 外国人可以依法向我国人民法院提起民事诉讼，这是平等原则的体现

C. 当事人的撤诉权对人民法院不具有必然的效力，体现出当事人处分权的有限性

D. 根据检察监督原则，人民检察院有权向同级人民法院提出检察建议，但是检察建议应当经检委会讨论决定后方能向人民法院提交

考点3：基本制度 ★★★

命题点一：合议制度

1. 陪审员参与案件范围：一审 + 争议案件。

2. 独任制适用范围。

（1）简易程序中，应当由审判员独任审理。

（2）基层人民法院适用普通程序审理的基本事实清楚、权利义务关系明确的第一审民事案件，可以由审判员独任审理。

（3）中级人民法院对第一审适用简易程序审结或不服裁定提起上诉的第二审民事案件，事实清楚、权利义务关系明确的，经双方当事人同意，可以由审判员独任审理。

（4）在特别程序中，一般适用审判员独任。例外情形：选民资格、重大疑难、担保财产标的额超过基层人民法院管辖范围的担保物权的实现案件。

（5）公示催告程序，公告审理阶段适用独任制，除权判决阶段，由审判员组成合议庭审理。

（6）在督促程序中，也适用审判员独任审理。

3. 合议庭评议制度。法院在开庭审理完毕后，应当进行合议庭评议。对于合议庭评议，

---

〔1〕　答案：AB。B选项是同等原则的体现。督促程序为非讼程序，而辩论原则是在诉讼过程中，非讼程序中没有体现辩论原则。

应当注意三个问题：

（1）法院合议庭评议案件，实行少数服从多数的原则。

（2）评议应当制作笔录，由合议庭成员签名，持不同意见的合议庭成员也必须签名。

（3）评议中的不同意见，必须如实记入笔录。

【陷阱提示】这与《仲裁法》中规定的仲裁裁决的作出不一样。《仲裁法》第53条规定："裁决应当按照多数仲裁员的意见作出，少数仲裁员的不同意见可以记入笔录。仲裁庭不能形成多数意见时，裁决应当按照首席仲裁员的意见作出。"

【预测试题】周某与天马公司因为劳务合同发生了纠纷，周某诉至合肥市蜀山区人民法院。一审法院按照普通程序审理，作出判决后，天马公司提起了上诉。在该案中：[1]

A. 蜀山区人民法院应当由审判员和人民陪审员组成合议庭审理本案

B. 合肥市中级人民法院审理本案时应当由审判员组成合议庭

C. 合肥市中级人民法院发现该案中原告伪造了证据，遂将此案发回重审，蜀山区人民法院可以由原合议庭组成人员继续审理本案

D. 若该案未进入二审程序，而是在一审判决生效后又进入了再审程序，则再审必须由审判员组成合议庭进行审理

命题点二：回避制度

1. 申请回避的程序。

（1）申请方式：书面方式、口头方式均可，但要说明理由。

（2）申请时间：最迟法庭辩论终结前。原则上应当在案件开始审理时提出，若回避事由是在案件开始审理后知道的，也可以在法庭辩论终结前提出。

（3）人民法院应当在3日内作出决定。

（4）对决定不服可以申请复议一次（原法院）。

2. 回避的效力。当事人申请回避后，被申请回避人要暂停执行职务，但需要采取紧急措施的除外。

【点睛之笔】因为根据法律规定，当事人临时提出回避申请，案件需要延期审理，故被申请回避人要暂停执行职务，但采取保全、先予执行等紧急措施的除外。

3. 回避的决定权。

（1）院长担任审判长或独任审判员时的回避，由审判委员会决定；

（2）审判人员的回避，由院长决定；

（3）其他人员（翻译人员、鉴定人、勘验人）的回避，由审判长或独任审判员决定。

【点睛之笔】书记员与执行人员适用审判人员回避的相关规定，即由院长决定。

4. 回避的后果。决定回避，更换人员后，诉讼程序继续进行，回避并不影响先前诉讼程序的效力。

【点睛之笔】立法上之所以这样规定，是因为民事诉讼实行两审终审，一审中的人员应当

---

〔1〕 答案：B。基层人民法院适用普通程序审理的基本事实清楚、权利义务关系明确的第一审民事案件，可以由审判员独任审理，且一审法院适用普通程序审理时，合议庭中可以没有人民陪审员。A错误。二审原则上由审判员组成合议庭进行审理，中级人民法院对第一审适用简易程序审结或不服裁定提起上诉的第二审民事案件，事实清楚、权利义务关系明确的，经双方当事人同意，可以由审判员独任审理。本案不属于此种情形，B正确。二审发回重审的案件，一审法院应当另组合议庭，C错误。生效裁判是一审作出的，再审按照一审普通程序进行，合议庭中可以有人民陪审员，D错误。

回避而未回避，当事人上诉到二审法院，二审法院会给予相应的救济。而仲裁中仲裁员回避后，先前行为的效力待定。这样规定的原因在于一裁终局，裁决作出后立即发生效力，仲裁当事人没有了救济的可能，因此在程序中给予相应救济，允许申请重新来过。

【预测试题】金山区人民法院受理了张猛诉宁谧名誉侵权案，法院依法组成合议庭开庭审理，庭审一开始，被告宁谧就以书记员谷东与原告张猛的妹妹张然曾有恋爱关系为由申请其回避，审判长秦醉易当即口头驳回了他的申请。法庭辩论阶段，原告张猛又声称刚刚了解到合议庭审判长秦醉易即案件的承办人，曾经违反规定私自会见了被告的代理律师方唐镜，申请其回避；审判长又当庭口头驳回。就本案而言，下列哪一说法是正确的：[1]

A. 被告宁谧的申请理由虽明显不能成立，但审判长秦醉易不能当庭口头驳回

B. 回避应该在开庭审理时提出，原告张猛在法庭辩论阶段提出回避申请于法无据

C. 对于张猛提出的回避申请，不管理由是否成立，本案均应当延期审理

D. 原告张猛的回避申请理由虽于法无据，但应该由本院的院长决定其是否回避，而不能当庭口头驳回

命题点三：两审终审制度

1. 含义：两级。

【陷阱提示】这里的两级不等于两次。例：二审法院审理上诉案件，发现一审法院的法官应当回避而未回避，于是将其发回重审，一审法院再次审理后案件一共审理了三次，但是所作的裁判依然不生效。

2. 例外。

（1）最高人民法院一审的案件；

（2）一审中适用调解结案的案件；

（3）适用特别程序、督促程序、公示催告程序和企业法人破产还债程序审理的案件；

（4）小额诉讼案件。

命题点四：裁判文书的公开查阅制度

1. 含义。裁判文书的公开是公开审判制度的一项重要内容，对于加强社会监督、实现司法公开透明有重要意义。

2. 内容。公众可以查阅发生法律效力的判决书、裁定书，但涉及国家秘密、商业秘密和个人隐私的内容除外。

【陷阱提示】这里需要注意的是：

（1）公众查阅权对于法院来讲，就是义务，法院应当保障社会公众对生效裁判文书的查阅。

（2）公众的权利仅限于查阅，这与当事人、代理人可以查阅、摘抄、复制相关诉讼材料是不同的，而且查阅的是判决书、裁定书，而不包括调解书。

（3）注意对国家秘密、商业秘密和个人隐私的保护，涉及这些内容的部分应当保密。

（4）公民、法人或者其他组织申请查阅发生法律效力的判决书、裁定书的，应当向作出该生效裁判的人民法院以书面形式提出。

---

〔1〕　答案：C。根据现行民诉法关于延期审理的情形规定，只要当事人在法庭审理中临时提出回避申请的，案件即应当延期审理；而原告提出的两种回避理由均为正当理由。

【预测试题】 1. 关于审理组织，下列说法正确的是：[1]

A. 再审程序应当由审判员组成合议庭

B. 人民陪审员不参与特别程序的审理

C. 确认人民调解协议的效力案件由审判员独任审理

D. 简易程序一律由审判员独任审理，且书记员可以不参加

2. 关于合议庭评议案件，下列哪一表述是正确的？[2]

A. 审判长意见与多数意见不同的，以其意见为准判决

B. 陪审员意见得到支持、形成多数的，可按该意见判决

C. 合议庭意见存在分歧的，也可提交院长审查决定

D. 审判人员的不同意见均须写入笔录

3. 以下有关裁判文书查阅制度的说法中，符合法律和司法解释的有：[3]

A. 公民、法人或其他组织有权以书面或口头的方式，向法院申请查阅生效的判决书、裁定书和调解书

B. 申请查阅生效文书的申请应当向作出生效文书的上一级法院提出

C. 若申请查阅的裁判文书涉及国家秘密、商业秘密和个人隐私的，人民法院应当不予准许

D. 若相关生效法律文书已经通过信息网络向社会公开，则法院无需处理当事人的查阅申请

---

[1] 答案：BC。再审程序没有独立的审理程序，按照一审的再审本质上是一审，因此合议庭可以有人民陪审员参加；而简易程序虽然独任审理，但是书记员必须参加，法官不能自审自记。

[2] 答案：D。合议庭的评议遵循少数服从多数，因此当审判长的意见与多数意见不同的时候，应当以多数意见为准；B项错在可按该意见判决，正确的表述为应当按该意见判决；C项应当提交审判委员会讨论决定。

[3] 答案：C。申请查阅生效文书应当向原法院申请，且必须书面；相关法律文书已经通过信息网络向社会公开的，法院应当告知其可以通过信息网络查阅，而并非无需处理。

第二单元　主管和管辖

考点 4：主管 ★★

命题点一：法院与人民调解委员会

1. 性质。群众性自治组织；达成的人民调解协议没有强制执行力。

2. 人民调解协议的确认。

《民事诉讼法》第 201 条　经依法设立的调解组织调解达成调解协议，申请司法确认的，由双方当事人自调解协议生效之日起三十日内，共同向下列人民法院提出：

（一）人民法院邀请调解组织开展先行调解的，向作出邀请的人民法院提出；

（二）调解组织自行开展调解的，向当事人住所地、标的物所在地、调解组织所在地的基层人民法院提出；调解协议所涉纠纷应当由中级人民法院管辖的，向相应的中级人民法院提出。

第 202 条　人民法院受理申请后，经审查，符合法律规定的，裁定调解协议有效，一方当事人拒绝履行或者未全部履行的，对方当事人可以向人民法院申请执行；不符合法律规定的，裁定驳回申请，当事人可以通过调解方式变更原调解协议或者达成新的调解协议，也可以向人民法院提起诉讼。

【点睛之笔】

（1）人民调解不是案件的必经阶段，民事纠纷产生后，可以不必经过人民调解，直接向法院起诉。

（2）人民调解不影响起诉，在调解不成或调解达成协议后反悔时，当事人依然可以向法院起诉。而根据《国家统一法律职业资格考试辅导用书》的观点，双方达成人民调解协议后反悔，转而向法院起诉的，此时起诉针对的是人民调解协议起诉，而不再是原纠纷。例如，甲、乙借款纠纷，金额为 1 万元，债务人乙到期不还，双方一致同意进行人民调解，经过调解，双方达成协议，同意乙还款 8000 元。后乙反悔，8000 元也不想还了，甲起诉到法院。请问，诉讼金额是 10000 元还是 8000 元？根据《国家司法考试辅导用书》，金额应当是 8000 元，此时针对的是调解协议起诉，而不是原纠纷。当然，这种观点有争议，但是应对法考我们必须遵循《国家统一法律职业资格考试辅导用书》之观点。

命题点二：法院与仲裁委员会

1. 法院主管的范围宽于仲裁委员会主管的范围。（身份关系不仲裁——如婚姻、收养、监护、扶养、继承纠纷）

2. 对合同纠纷或者其他财产权益纠纷，遵循"或裁或审"的原则，即这两种方式相互排斥，不能并列采用。

【陷阱提示】有效的仲裁协议排斥诉讼。

第一，有效的仲裁协议才产生排斥的效力，而在仲裁协议无效的情形下，如身份关系约定了仲裁，法院当然可以依法受理。

第二，排斥不等于禁止。双方虽然有有效的仲裁协议，但是一方起诉到法院未声明，法院根本不知道仲裁协议的存在，故对方应当在首次开庭前提出仲裁协议的抗辩，如对方不提抗辩，并应诉答辩，则视为承认法院有管辖权，审理之中自然无法再次提出此项抗辩主张。

考点5：级别管辖 ★ ★

命题点：中院的管辖范围

1. 重大的涉外案件；
2. 在本辖区有重大影响的案件；
3. 最高法院确定由中级法院管辖的案件。

（1）海事、海商案件。

（2）专利纠纷案件。

【陷阱提示】并非每个中院都能管，只有特殊中院才能管，即由最高院确定的中级人民法院管辖。"最高人民法院根据实际情况，可以指定基层人民法院管辖第一审专利纠纷案件。"即专利纠纷可以到基层了。同时，根据《民事诉讼法解释》第2条之规定，专利纠纷也可以由知识产权法院管辖。

（3）著作权民事纠纷案件。

（4）商标民事纠纷第一审案件。

（5）重大的涉港、澳、台民事案件。

（6）和仲裁相关的案件。

【点睛之笔】（1）在民事诉讼中，与仲裁相关的案件98%都是中院管辖，包括不予执行、撤销、仲裁协议效力的确认等案件，但例外是国内仲裁中的证据保全与财产保全管辖法院是基层法院以及特定情形下的申请执行仲裁裁决案件的管辖。

（2）申请执行仲裁裁决案件，由被执行人住所地或者被执行财产所在地的中级人民法院管辖。但是，《仲裁裁决执行规定》第2条规定：当执行案件符合基层法院一审民商事案件级别管辖受理范围，并经上级人民法院批准后，可以由被执行人住所地或者被执行财产所在地的基层人民法院管辖。申请执行人对驳回执行申请裁定不服的，可以自裁定送达之日起10内向上一级法院申请复议。

（7）公益诉讼案件由侵权行为地或者被告住所地中级人民法院管辖。

例外：《环境公益诉讼案件解释》第6条第2款之规定，中级人民法院认为确有必要的，可以在报请高级人民法院批准后，裁定将本院管辖的第一审环境民事公益诉讼案件交由基层法院审理。

【预测试题】关于管辖制度的表述，下列选项错误的有：[1]

A. 不服指定监护或变更监护关系的案件，应当由被监护人住所地的人民法院管辖

---

[1] 答案：ABD。A项中错在是"可以"而非应当；B项忽略了两个例外；D项应当是重大的涉外案件。

B. 与民商事仲裁相关的案件，均应由中级人民法院管辖

C. 公益诉讼案件原则上由中级人民法院管辖，但法律、司法解释另有规定的除外

D. 涉外民事案件应当由中级人民法院管辖

考点6：地域管辖 ★★★

命题点一：一般地域管辖

1. 原告就被告。

（1）公民：经常居住地优先于住所地。

【陷阱提示】经常居住地是指公民离开住所至起诉时已连续居住满1年的地方，但公民住院就医的地方除外。根据这一定义，判断经常居住地有四点要求和注意：

①时间标准是起诉时，即原告起诉的时候被告还住在此处；

②居住时长标准1年以上，包括1年；

③居住方式要求连续居住，即这里的1年不是简单地相加，如某甲在A地居住6个月后迁往B地居住6个月，此后回归A地继续居住了7个月，很显然，若单纯计算时间长度，在A地已经居住了6＋7＝13个月，但是因为不连续，所以A地并不是其经常居住地。

④之所以会规定公民住院就医的除外，是因为从常理上来说没人会把医院当家，更为重要的是，很多疾病的患者可能长期住院，如果把医院视为经常居住地，那么辖区内有医院的法院就会忙得不可开交。

（2）法人：法人的主要办事机构所在地。

《民事诉讼法》第27条　因公司设立、确认股东资格、分配利润、解散等纠纷提起的诉讼，由公司住所地人民法院管辖。

《民事诉讼法解释》第22条　因股东名册记载、请求变更公司登记、股东知情权、公司决议、公司合并、公司分立、公司减资、公司增资等纠纷提起的诉讼，依照民事诉讼法第二十七条规定确定管辖。

2. 被告就原告。

（1）对不在中华人民共和国领域内居住的人提起的有关身份关系的诉讼。

（2）对下落不明或者被宣告失踪的人提起的有关身份关系的诉讼。

（3）对一方被采取强制性教育措施的人提起的诉讼。

（4）对一方被监禁的人提起的诉讼。

（5）追索赡养费、抚养费、扶养费案件的几个被告住所地不在同一辖区的，可以由原告住所地人民法院管辖。

【点睛之笔】这里要注意其中的三个要点：

①案件性质只限于"追索赡养费、抚养费、扶养费的案件"，这属于典型的身份之诉，也是我们在当事人一讲会详细讲到的必要共同诉讼的一种；

②必须满足本案存在多个被告，且多个被告的住所地不在同一辖区，如果只有一个被告或多个被告均属于同一法院辖区，那么就只适用"原告就被告"的原则；

③这里法条表述是"可以"由原告住所地人民法院管辖，也就是说，即便满足赡养费、抚养费、扶养费案件有多个不在同一辖区的被告的条件，多个被告的住所地法院也都有权

管辖。

命题点二：特殊地域管辖

1. 专属管辖。

（1）不动产纠纷：因不动产纠纷提起的诉讼，由不动产所在地法院管辖。

【点睛之笔】不动产纠纷指的是因不动产的权利确认、分割、相邻关系等引起的物权纠纷。农村土地承包经营合同纠纷、房屋租赁合同纠纷、建设工程施工合同纠纷、政策性房屋买卖合同纠纷，也按照不动产纠纷确定管辖。

（2）港口作业：港口所在地法院管辖。

（3）遗产纠纷：专属于被继承人死亡时住所地或主要遗产所在地法院管辖。

【陷阱提示】专属管辖并不排斥当事人选择以仲裁的方式解决争议，如双方在签订房屋买卖合同时依然可以约定仲裁。

【预测试题】以下有关不动产纠纷案件的管辖，说法错误的是：[1]

A. 所有涉及不动产的民事诉讼案件，均由不动产所在地的人民法院专属管辖

B. 农村土地承包经营合同纠纷、建设工程施工合同纠纷、房屋买卖合同纠纷，由不动产所在地法院专属管辖

C. 适用专属管辖的不动产纠纷原则上限于因不动产的权利确认、分割、相邻关系等引起的物权纠纷

D. 房屋租赁合同纠纷由合同履行地或被告住所地法院管辖

2. 协议管辖。有效的协议管辖必须同时满足以下条件：

（1）协议管辖的适用范围不再限于合同纠纷，扩大到财产权益纠纷；当事人因同居或者在解除婚姻、收养关系后发生财产争议，约定管辖的，可以适用协议管辖规定确定管辖；

（2）当事人仅能就第一审案件的管辖进行约定；

（3）协议管辖必须采用书面形式；

（4）当事人可以选择的法院不再限于如下五个：原告住所地、被告住所地、合同签订地、合同履行地、诉讼标的物所在地，而是采用最密切联系原则；

（5）当事人的选择原则上应当是确定、唯一的；

【点睛之笔】管辖协议约定两个以上与争议有实际联系的地点的人民法院管辖，原告可以向其中一个人民法院起诉。即协议管辖不因选择不单一而当然无效。当然，管辖协议约定两个以上的法院管辖，要想有效，需要约定的两个以上法院都与争议有实际联系。

（6）当事人的选择不得违反我国级别管辖和专属管辖的规定，即协议管辖仅能打破地域规则限制。

【预测试题】甲市的昌盛公司与乙市的益民百货公司签订空气净化器的买卖合同，双方约定若因该净化器的买卖或使用发生纠纷，则由益民百货公司所在地（北京）或空气净化器生产商住所地（广州）法院管辖。以下有关本案的说法中，正确的选项有：[2]

A. 因双方在合同中约定了两个管辖法院，因此该管辖协议无效

B. 双方可以约定该合同纠纷由益民百货公司所在地（北京）法院管辖，但不可约定由空气净化器生产商住所地（广州）法院管辖

---

[1] 答案：ABD。B选项错在一般的商品房买卖不属于专属管辖，而是合同纠纷的一般管辖。

[2] 答案：D。协议管辖属于要式行为，必须书面协议，不可口头；而且协议管辖不因选择不单一而当然无效。

C. 双方可以就该合同纠纷的管辖法院进行口头约定，只要双方一致同意即可

D. 若因该净化器的买卖或使用发生纠纷，原告可以选择向益民百货公司所在地（北京）或空气净化器生产商住所地（广州）的法院起诉

3. 合同纠纷解题三步走。

（1）是否存在专属管辖：如果一个合同纠纷是因为不动产引起的纠纷，则要考虑首先适用专属管辖。

（2）是否存在有效的协议管辖。

（3）适用合同纠纷的法定管辖。

①因合同纠纷提起的诉讼，由被告住所地或者合同履行地人民法院管辖。

②合同履行地，不能笼统记忆，要看合同是否实际履行而定。

A. 如果合同履行了，那就直接按一般规定，由被告住所地或者合同履行地人民法院管辖。

B. 如果合同没有实际履行，当事人双方住所地又都不在合同约定的履行地的，应当由被告住所地人民法院管辖。（注意：此时约定的履行地没有管辖权）

C. 如果约定履行地与实际履行地不一致，应当以约定履行地作为合同的履行地。

【点睛之笔】为了讲清上述几个规则，笔者举例说明。

例1：居住在 A 地的甲和居住在 B 地的乙签订了一份货物买卖合同，双方约定合同的履行地为 C 地，甲收到乙提供的货物后发现货物不合格，欲起诉乙，何地法院有管辖权？因合同已经履行，因此本题只需适用合同纠纷的一般管辖规则，被告住所地 B 和合同履行地 C 都有管辖权。

例2：居住在 A 地的甲和居住在 B 地的乙签订了一份货物买卖合同，双方约定合同的履行地为 C 地，后乙反悔，告知甲其不想交付货物，甲欲起诉乙，要求其履行合同，何地法院有管辖权？本题当中合同尚未履行，约定的履行地 C 又不在双方当事人住所地，因此只有被告住所地 B 有管辖权。

例3：如果约定的履行地是 A 呢？若约定的履行地是 A 地，此时虽然合同尚未履行，但是因为约定的履行地在一方当事人所在地，所以约定的履行地 A 地也有管辖权，此时被告住所地 B 与约定的合同履行地 A 都有管辖权。

例4：居住在 A 地的甲和居住在 B 地的乙签订了一份货物买卖合同，双方约定合同的履行地为 C 地，后来发生一些特殊的情况，合同在 D 地完成交付。甲收到乙提供的货物后发现货物不合格，欲起诉乙，何地法院有管辖权？本题就属于在合同履行的前提下，约定的履行地和实际的履行地不一致的情形。依据司法解释规定，如果约定履行地与实际履行地不一致，应当以约定履行地作为合同的履行地。所以此时 B、C 两地有管辖权。

4. 几类特殊案件的管辖。

（1）监护案件：不服指定监护或变更监护关系的案件，可以由被监护人住所地人民法院管辖。

【点睛之笔】此处规定"可以"由被监护人住所地人民法院管辖，并非排斥被告住所地法院管辖，即被告住所地在此类案件中也有管辖权。

（2）诉前财产保全：由利害关系人向财产所在地、被申请人住所地或其它有管辖权的人民法院申请。

【点睛之笔】有人、有钱＋其他。其中这里的其他有管辖权的法院依据案件的类型确定。例如，如果是合同纠纷，那么这里的其他即为被告住所地、合同履行地；如果是侵权纠纷，那么这里的其他即为侵权行为地、被告住所地。

（3）侵权纠纷：由侵权行为地或者被告住所地人民法院管辖。其中的侵权行为地，包括侵权行为实施地和侵权结果发生地。

【陷阱提示】缺陷产品、服务案件的管辖：产品制造地、产品销售地、服务提供地、侵权行为地和被告住所地人民法院都有管辖权。但是，此规定只适用于产品、服务质量引起的侵权之诉，如果是产品质量引起的合同纠纷，仍然适用合同纠纷的一般管辖规则。

（4）海商案件。

①关于海难救助费用案件的管辖——由救助地或者被救助船舶最先到达地人民法院管辖（排除了被告住所地）。

②关于共同海损案件的管辖——由船舶最先到达地、共同海损理算地或者航程终止地人民法院管辖。（排除了被告住所地）

【点睛之笔】所有的侵权纠纷中，只有海难救助费用和共同海损案件，被告住所地没有管辖权，其他侵权纠纷的案件被告住所地恒有管辖权。

【预测试题】甲县的电热毯厂生产了一批电热毯，与乙县的昌盛贸易公司在丙县签订了一份买卖该批电热毯的合同。丁县居民张三在出差到乙县时从昌盛贸易公司购买了一条该批次的电热毯，后在使用过程中电热毯由于质量问题引起火灾，烧毁了张三的房屋。张三欲以违约为由诉请赔偿。下列哪一法院对该纠纷有管辖权？[1]

A. 甲县法院　　　　B. 乙县法院　　　　C. 丙县法院　　　　D. 丁县法院

考点7：裁定管辖 ★★

命题点一：移送管辖

1. 条件。

（1）受诉人民法院已经依法受理了该案件；

（2）受诉人民法院对案件没有管辖权，或是其他有管辖权的法院已经在先立案；

（3）受诉人民法院认为接受案件移送的人民法院有管辖权。

2. 例外。

（1）受移送法院即使认为本院对移送来的案件并无管辖权，也不得自行移送到其他法院，而只能报请上级法院指定管辖。

（2）两个以上人民法院都有管辖权的诉讼，先立案的人民法院不得将案件移送给另一有管辖权的人民法院；人民法院在立案前发现其他有管辖权的人民法院已先立案的，不得重复立案；立案后发现其他有管辖权的人民法院先立案的，裁定将案件移送给先立案的人民法院。

（3）根据管辖权恒定原则，人民法院的管辖权不受当事人起诉后住所地、经常居住地、行政区域变更的影响：有管辖权的人民法院受理案件后，不得以行政区域变更为由，将案件移送给变更后有管辖权的人民法院。

3. 次数：一次。

---

〔1〕 答案：B。对于产品质量纠纷，考生必须看清诉由。本题的诉由是合同纠纷，因此有被告住所地、合同履行地法院管辖。但是，因为合同就具相对性，所以被告为销售方乙县的昌盛贸易公司，而合同履行地也是乙县。

命题点二：管辖权的转移

管辖权的转移包括向上转移和向下转移两种情形。"能上能下，下要批准"

【点睛之笔】

1. 对于应由上级人民法院管辖的第一审民事案件，下级人民法院不得报请上级人民法院交其审理。

2.《民事诉讼法》限制了向下转移的情形，增加规定"确有必要将本院管辖的第一审民事案件交下级人民法院审理的，应当报请其上级人民法院批准。"

命题点三：指定管辖

适用程序：发生管辖权争议后，应尽可能通过协商解决；协商不成的，应报其共同上级法院指定管辖。

【点睛之笔】两个以上人民法院如对管辖权有争议，在争议未解决前，任何一方人民法院均不得对案件作出判决，对抢先作出判决的，上级人民法院应当以违反程序为由撤销其判决，并将案件移送或者指定其他人民法院审理，或者由自己提审。

《民事诉讼法解释》第41条第2款　对报请上级人民法院指定管辖的案件，下级人民法院应当中止审理。指定管辖裁定作出前，下级人民法院对案件作出判决、裁定的，上级人民法院应当在裁定指定管辖的同时，一并撤销下级人民法院的判决、裁定。

【预测试题】孔某在A市甲区拥有住房二间，在孔某外出旅游期间，位于A市乙区的建筑工程公司对孔某邻居李某房屋进行翻修。在翻修过程中，施工工人不慎将孔某家的墙砖碰掉，砖块落入孔某家中，损坏了电视机等家用物品。孔某旅游回来后发现此情，交涉未果。孔某向乙区法院起诉，请求建筑工程公司赔偿。乙区法院认为甲区法院审理更方便，故根据被告申请裁定移送至甲区法院，甲区法院却认为由乙区法院审理更便利，不同意接受移送。以下说法哪些是正确的？[1]

A. 甲、乙二区对本案都有管辖权

B. 向哪一个法院起诉，双方当事人可以协商

C. 乙区法院的移送管辖是错误的

D. 甲区法院不得再自行移送，如果认为无管辖权，应报市中级法院指定管辖

考点8：管辖权异议 ★★★

1. 条件。

（1）异议提出的主体必须是本诉的当事人，即原告和被告。有独三和无独三作为广义的本案当事人无权提出管辖权异议。

（2）管辖权异议只能向第一审人民法院提出，既可以是第一审地域管辖，也可以是第一审级别管辖。

【点睛之笔】管辖权异议的一审必须是因起诉而开始的初始一审，因此人民法院发回重审或者按第一审程序再审的案件，当事人提出管辖异议的，人民法院不予审查。

---

[1]　答案：ABCD

（3）异议应当在答辩期间以书面方式提出，即在收到起诉状副本15日内提出。在涉外民事案件中，是收到起诉状副本30日内。

2. 处理。

（1）如果认为异议成立，一般是裁定将案件移送有管辖权的法院审理；

（2）如果认为异议不能成立，应当裁定驳回异议。

（3）当事人未提出管辖异议，并应诉答辩的，视为受诉人民法院有管辖权，但违反级别管辖和专属管辖规定的除外。

3. 救济。当事人对管辖权异议裁定不服的，可以在10日内向上一级法院提出上诉。

【点睛之笔】当事人对小额诉讼案件提出管辖异议的，人民法院应当作出裁定。裁定一经作出即生效。

《关于审理民事级别管辖异议案件若干问题的规定》第5条 被告以受诉人民法院同时违反级别管辖和地域管辖规定为由提出管辖权异议的，受诉人民法院应当一并作出裁定。

第6条 当事人未依法提出管辖权异议，但受诉人民法院发现其没有级别管辖权的，应当将案件移送有管辖权的人民法院审理。

【预测试题】住所地位于甲市A区的林某与甲市B区的刘某在甲市C区的星巴克咖啡厅内签订了一份营业房屋的租赁合同，约定由刘某承租林某位于甲市D区的营业房。合同签订后，双方因支付问题发生争议，林某向甲市C区法院提起诉讼，要求刘某按照合同约定支付所欠房租，C区法院受理了林某的起诉。关于本案的下列说法正确的是：[1]

A. 刘某有权在举证期限届满前向C区法院提出管辖权异议

B. 若法院驳回了刘某的管辖权异议，则刘某有权对该裁定提出上诉

C. 若刘某收到法院的起诉状副本后，在法定期限内提交了答辩状并按时参加了庭审，则C区法院对该案享有管辖权

D. 若刘某向C区法院提出了管辖权异议，但在法院作出裁定前原告林某申请撤诉，此时C区法院不应准许该撤诉申请，而是应当在审查完管辖权异议申请之后，再作出相应的处理

---

〔1〕 答案：B。选项A错在管辖权异议的时间应当是答辩期间；C项错在房屋租赁合同纠纷属于不动产的专属管辖，协议管辖不能违背专属管辖；D项错在法院的正确处理方式是法院可以准许原告林某的撤诉申请，并对管辖权异议不再审查。

第三单元　诉的基本原理

考点 9：反诉 ★★

命题点一：区分反诉和反驳

被告提出反诉是以承认本诉的存在为前提，这是区别反诉与反驳的关键，即若要构成反诉首先需要承认本诉的前提法律关系。例如原告起诉到法院要求被告给付货款，被告答辩声称原告的产品质量不合格造成了自己的人身损害，主张损害赔偿，这是反诉。而原告起诉到法院要求被告给付货款，被告答辩声称自己从来没向原告购买过货物，何来给付货款之义务，则是反驳。

【点睛之笔】若想构成反诉，不仅要承认本诉存在的前提法律关系，还必须提出独立的反请求。例如刘某与曹某签订房屋租赁合同，后刘某向法院起诉，要求曹某依约支付租金。曹某向法院提出刘某的支付租金请求权已经超过诉讼时效，虽然也承认本诉的前提租赁关系，却属于典型的时效抗辩，未提出独立的反请求，因此亦不属于反诉。

命题点二：反诉的构成条件

1. 反诉主体特定。由本诉的被告针对本诉的原告提出，因此可以得出，在本诉和反诉中，原告和被告位置互换了。

【点睛之笔】

（1）环境民事公益诉讼案件审理过程中，被告以反诉方式提出诉讼请求的，人民法院不予受理。

（2）消费民事公益诉讼案件审理过程中，被告提出反诉的，人民法院不予受理。

2. 须反诉与本诉之间有牵连关系。这里的牵连关系既可以指两者存在法律上的联系，也可以指两者存在事实上的联系。法律上的牵连包括两者源于同一法律关系和两者源于相关联的法律关系两种：

（1）反诉与本诉请求是基于同一个法律关系而产生的目的相对抗的不同的实体请求：如原告提出请求交付买卖标的物的本诉，被告则提出请求支付价款或者请求确认买卖合同无效的反诉；

（2）反诉与本诉是基于相牵连的不同法律关系而产生的目的相对抗的不同的实体请求。如原告基于所有权请求被告交付所占有的动产，被告则反诉请求法院确认他对该动产享有的质权。

3. 反诉提出的时间：法庭辩论结束前。

4. 须向受理本诉的法院提出，且受诉法院对反诉须有管辖权。

5. 须适用同一诉讼程序。之所以这样规定，是因为法院为了节约诉讼资源，提高诉讼效率，防止作出矛盾的裁判，本诉和反诉一般会合并审理，因此适用的程序是一致的。

【预测试题】甲公司起诉要求乙公司交付货物。被告乙公司向法院主张合同无效，应由原告甲公司承担合同无效的法律责任。关于本案被告乙公司主张的性质，下列哪一说法是正确的？[1]

    A. 该主张构成了反诉   B. 该主张是一种反驳

    C. 该主张仅仅是一种事实主张   D. 该主张是一种证据

---

[1] 答案：A。本题关键在于注意合同无效不等于合同不存在，合同无效承认合同关系的存在。

第四单元　当事人及诉讼代理人

考点 10：当事人的概述 ★★

命题点一：诉讼权利能力

诉讼权利能力又称为当事人能力，指的是有无资格成为诉讼当事人的问题。包括自然人、法人和其他组织。

【点睛之笔】其他组织主要掌握：

1. 法人依法设立并领取营业执照的分支机构（分公司）；

2. 依法设立并领取营业执照的商业银行、政策性银行和非银行金融机构的分支机构（不包括储蓄所）。

命题点二：诉讼行为能力：亲自实施、亲自承担

【点睛之笔】无民事行为能力人、限制民事行为能力人造成他人损害的，无民事行为能力人、限制民事行为能力人和其监护人为共同被告。

命题点三：当事人适格

当事人适格又称为正当当事人，是当事人就具体的案件有资格起诉或应诉，成为原告或被告，并受人民法院裁判约束的资格。

1. 判断标准：

（1）一般标准——当事人是否是诉争的民事法律关系的主体，即是否具有直接的利害关系——实体当事人。

（2）特殊情形——根据当事人的意思或者法律的规定，依法对他人的民事法律关系或民事权利享有管理权的主体可以作为适格当事人——非实体当事人。

①依法宣告失踪人的财产代管人。

②遗产管理人、遗嘱执行人。

③为保护死者名誉权、著作权等而提起诉讼的死者的近亲属。

④著作权管理组织。（根据当事人的意思）

2. 公益诉讼制度。

对污染环境、侵害众多消费者合法权益等损害社会公共利益的行为，法律规定的机关和有关组织可以向人民法院提起诉讼。

公益诉讼制度有下列特点：

（1）诉讼目的方面的特殊性：民事公益诉讼的目的是维护社会公共利益，不同于普通民事诉讼仅牵涉私人民事纠纷，公益诉讼具有重大的社会价值。

（2）起诉主体的法定性、特殊性与广泛性：法定性是指公益诉讼的原告必须以获得法定授权的机关团体为前提，个人不能成为公益诉讼的原告；特殊性和广泛性是指民事公益诉讼的原告并不限于遭受违法行为侵害的直接利害关系人，而在传统民事诉讼领域，原告必须是与案件有直接利害关系的当事人。

【**点睛之笔**】（1）《全国人民代表大会常务委员会关于修改〈中华人民共和国民事诉讼法〉的决定》（2017 年 6 月 27 日）第 55 条增加 1 款，作为第 2 款："人民检察院在履行职责中发现破坏生态环境和资源保护、食品药品安全领域侵害众多消费者合法权益等损害社会公共利益的行为，在没有前款规定的机关和组织或者前款规定的机关和组织不提起诉讼的情况下，可以向人民法院提起诉讼。前款规定的机关或者组织提起诉讼的，人民检察院可以支持起诉。"

（2）《关于检察公益诉讼案件适用法律若干问题的解释》第 13 条："人民检察院在履行职责中发现破坏生态环境和资源保护、食品药品安全领域侵害众多消费者合法权益、侵害英雄烈士等的姓名、肖像、名誉、荣誉等损害社会公共利益的行为，拟提起公益诉讼的，应当依法公告，公告期为 30 日。公告期满，法律规定的机关和有关组织、英雄烈士等的近亲属不提起诉讼的，人民检察院可以向人民法院提起诉讼。"

（3）民事公益诉讼的提起条件：有明确的被告；有具体的诉讼请求；有社会公共利益受到损害的初步证据；属于人民法院受理民事诉讼的范围和受诉人民法院管辖。

【**陷阱提示**】公益诉讼的提起并不以存在实际损害为前提条件，可以针对那些给社会公众或不特定多数人造成潜在危害的不法行为提起民事公益诉讼。

（4）民事公益诉讼的管辖：公益诉讼案件由侵权行为地或者被告住所地中级人民法院管辖，但法律、司法解释另有规定的除外。

【**点睛之笔**】《最高人民法院关于审理环境民事公益诉讼案件适用法律若干问题的解释》第 6 条第 2 款规定："中级人民法院认为确有必要的，可以在报请高级人民法院批准后，裁定将本院管辖的第一审环境民事公益诉讼案件交由基层法院审理。"

（5）公益诉讼可以和解和调解：对公益诉讼案件，当事人可以和解，人民法院可以调解。当事人达成和解或者调解协议后，人民法院应当将和解或者调解协议进行公告。公告期间不得少于三十日。

（6）公益诉讼和维护个人权益的传统私益诉讼的关系：人民法院受理公益诉讼案件，不影响同一侵权行为的受害人根据《民事诉讼法》第 122 条规定提起诉讼。也就是公益诉讼并不排斥受害人自行提出传统的私益诉讼。

（7）公益诉讼中特殊的程序性要求：

①人民法院受理公益诉讼案件后，依法可以提起诉讼的其他机关和有关组织，可以在开庭前向人民法院申请参加诉讼。人民法院准许参加诉讼的，列为共同原告；

②公益诉讼案件的原告在法庭辩论终结后申请撤诉的，人民法院不予准许；

③公益诉讼案件的裁判发生法律效力后，其他依法具有原告资格的机关和有关组织就同一侵权行为另行提起公益诉讼的，人民法院裁定不予受理，但法律、司法解释另有规定的除外；

④对公益诉讼案件的生效裁判提起第三人撤销之诉的，人民法院不予受理。

命题点四：当事人变更

法人解散：

1. 依法清算并注销前，以该企业法人为当事人；

2. 未依法清算即被注销的，以该企业法人的股东、发起人或者出资人为当事人。

【预测试题】根据我国《民事诉讼法》及司法解释的规定，有关公益诉讼的表述下列说法正确的是：[1]

A. 原告提起民事公益诉讼时，应当提供社会公共利益受到损害的充分证据

B. 在公益诉讼案件中，若当事人达成和解或者调解协议，则人民法院应当将和解或者调解协议进行公告

C. 公益诉讼案件的原告在法庭辩论终结后申请撤诉的，人民法院可以准许

D. 公益诉讼案件的裁判发生法律效力后，第三人依法提起第三人撤销之诉的，人民法院应当受理

考点 11：原被告的具体确定 ★

1. 行为人对自己的行为负责。

（1）个人合伙的全体合伙人在诉讼中为共同诉讼人。

【陷阱提示】个人合伙不同于合伙组织或合伙企业，合伙组织是我们之前所述的其他组织，在诉讼中以合伙组织的名义参加诉讼。合伙组织与个人合伙的区别并不在于是否登记，而在于是否领取执照，只有领取了执照才能认定为合伙组织，这是做题的关键。

（2）在诉讼中，个体工商户以营业执照上登记的业主为当事人，有字号的，以营业执照上登记的字号为当事人，但应同时注明该字号经营者的基本信息。

【陷阱提示】个体工商户不等于个人或私营独资企业，私营独资企业本身可以作为当事人。

2. 对非因自己的直接行为负责。

（1）法人非依法设立的分支机构，或者虽依法设立，但没有领取营业执照的分支机构引起的诉讼，以设立该分支机构的法人为当事人。

【点睛之笔】法人的分支机构指的是分公司，其想要成为当事人，必须同时具有两个条件：依法设立＋领取营业执照。两个条件缺一不可，否则只能由法人作为当事人。

（2）职务行为——单位承担，雇工责任——雇主承担

【点睛之笔】提供劳务一方因劳务造成他人损害，受害人提起诉讼，以接受劳务一方为被告。

在劳务派遣期间，被派遣的工作人员因执行工作任务造成他人损害的，以接受劳务派遣的用工单位为当事人。当事人主张劳务派遣单位承担责任的，该劳务派遣单位为共同被告。

【预测试题】以下有关民事诉讼主体资格的表述中，不符合法律规定的是：[2]

A. 美心巧克力专卖店挂靠在 B 食品公司，并以 B 食品公司的名义从事生产经营活动，假使在美心巧克力店购买食品的顾客张某欲因食品质量起诉，则应当将美心巧克力专卖店和 B 食品公司列为共同被告

B. 退休职工老王开了一家"幸福小吃店"，并依法领取了个体工商户营业执照，若某位顾

---

〔1〕答案：B。选项 A 错在充分证据，原告提起民事公益诉讼时，应当提供社会公共利益受到损害的"初步"证据。

〔2〕答案：ABC。关于 A 项，挂靠并不当然构成必要共同诉讼，前提是当事人请求由挂靠人和被挂靠人承担民事责任的。关于 D 项，根据《民事诉讼法解释》第 67 条规定，监护人在本案中并非非法定代理人，而是共同被告。

客因食用该小吃店的食物而引发中毒，则应当将老王作为被告起诉；如果"幸福小吃店"具有依法登记的字号，则应当在起诉状上注明该字号

C. 李某与邱某之间发生借款合同纠纷，经居民委员会的相关人员调解后达成人民调解协议，但邱某未在调解协议约定的期限内履行义务，李某遂决定向法院起诉，此时可以将邱某和人民调解组织列为共同被告

D. 六岁的小朋友毛毛在玩耍时将五岁的小朋友萌萌推倒，导致萌萌小腿骨折，萌萌若想追究毛毛的侵权损害赔偿责任，则应当将毛毛及其监护人作为共同被告

考点 12：共同诉讼 ★ ★

命题点一：必要共同诉讼

1. 构成条件。
（1）当事人一方或者双方为 2 人以上。
（2）当事人之间的诉讼标的是共同的（同一个）。
2. 引起必要共同诉讼的情形。
（1）个体工商户，营业执照上登记的业主与实际经营者不一致的。
（2）企业法人分立的。
（3）个人合伙的全体合伙人，在诉讼中为共同诉讼人（有字号，注明即可）。
（4）在继承遗产的诉讼中。

【点睛之笔】在法定继承与遗嘱继承并存之时，遗嘱继承人可能就是有独立请求权的第三人。例如，杨老汉去世后留有房屋三间，大儿子将三间房子据为己有，老汉的二儿子将大哥诉至法院，诉讼中他们的小弟弟老三来到法院，对其兄说大哥、二哥你们都别争了，咱爹死之前留了遗嘱给我，说房子都是我的，因为我还没结婚，这年头没房子的男人是注定孤独的。在这里，老三就是我们下面即将讲解到的有独立请求权的第三人，因为他"两手出击"，既打击大哥，又打击二哥，这房子就是小哥我自己的。

（5）共有财产权受到他人侵害。
3. 内部关系。共同诉讼人都必须参加诉讼，其中一人的诉讼行为经其他共同诉讼人承认，对其他共同诉讼人发生效力。

【点睛之笔】这里的承认发生效力有一个例外，就是必要共同诉讼人的上诉，必要共同诉讼人独立行使上诉权，无须其他共同诉讼人承认。

4. 必要共同诉讼人追加：
（1）依职权追加；
（2）依申请追加。

命题点二：普通共同诉讼

1. 构成条件。
（1）当事人一方或者双方是 2 人以上。
（2）诉讼标的属于同一种类（多个标的）。
（3）经当事人同意人民法院认为可以合并审理的诉讼。因为普通共同诉讼中诉讼标的是

多个，所以其实质是多个诉讼。共同诉讼人既可以单独起诉，也可以共同起诉。共同起诉的，法院为了提高诉讼效率，认为可以合并审理的，而当事人又同意合并审理的，就形成了普通共同诉讼。

2. 内部关系。普通共同诉讼是可分之诉，因此普通共同诉讼人各自拥有独立的诉讼实施权。其独立性主要体现在：

（1）共同诉讼人各自的行为独立；

（2）裁判结果独立。

例1：假使本人对某法考机构的工作极度不满，于是起来反抗，找到大金老师和小金老师两人进行谈判，谈判未果，我从小会武术，一怒之下就把二金给打了。打完之后，大金老师想了想，还是算了，因为杨洋毕竟年轻，于是放弃了起诉求偿的念头。小金不服，心想，谁没年轻过啊，年轻不是犯错的理由，于是想要起诉我。这里的大金和小金老师就是典型的普通共同诉讼原告，各自的行为独立，所以小金老师完全可以单独起诉，此为行为独立。

例2：在上例的基础上我们继续引申，假设二金老师都要起诉我，法官想要合并审理，但是大金老师极力反对，认为自己身份特殊，不能和小金老师共处一堂之上。法官只能分别审理，分别审理之后，请问可不可能一个胜诉一个败诉？当然可能了，你想啊，大金老师是学三国法的，涉外法律学的好，国内的学的很一般，就败了；而小金老师是学民法的，和民诉密切相关，充分举证，就胜诉了，此乃裁判结果独立。再进一步，请问可不可能二人都败诉了？那也是可能的，因为我虽然是学刑诉的，但是毕竟讲了十多年的民诉，民诉和刑诉我都会，就胜诉了。由此说明，普通共同诉讼人的裁判结果可能相同也可能是不相同的。

【预测试题】以下关于必要共同诉讼和普通共同诉讼说法正确的是：[1]

A. 必要共同诉讼只有一个诉讼请求，而普通共同诉讼有多个诉讼请求

B. 必要共同诉讼的裁判结果相同，普通共同诉讼的裁判结果不同

C. 合伙贩鱼的甲乙丙丁起诉拖欠货款的饭店，甲处分实体权利的行为必须得到乙丙丁的同意才能具有法律效力

D. 物业管理公司起诉拖欠物业管理费的甲乙丙丁四业主，若丁要提起反诉必须征得甲乙丙的同意

考点 13：代表人诉讼 ★★

命题点一：概念

当事人一方或者双方人数众多（10人以上），具有同一或同种类的诉讼标的，而推选其中（当事人）一人或者数人作为代表进行的诉讼，为代表人诉讼。代表人数众多的一方当事人进行诉讼的人，为诉讼代表人（2-5人）。从这一概念中，我们可以看出：

1. 代表人诉讼是共同诉讼中的一种特殊形式，因当事人人数众多（10人以上）而形成代表人诉讼。

2. 代表人诉讼可能是必要共同诉讼也可能是普通共同诉讼。

---

[1] 答案：C。必要共同诉讼只有一个诉讼标的，但是诉讼请求可以是多个；普通共同诉讼的裁判结果可能是相同的，也可能是不同的；选项 D 属于普通共同诉讼，共同诉讼人之间具有独立性。

3. 代表人只能从当事人中选，而不能从当事人以外的人中选，且代表人人数为 2～5 人。

4. 推选其他当事人作为代表人的人在选出代表人后，本人自然可以不来参加诉讼了，关键是代表人可不可以不亲自来参加诉讼？我们说，也是可以的，因为每个代表人还可以委托 1～2 个诉讼代理人。

命题点二：分类

1. 人数确定的代表人诉讼

（1）起诉时当事人人数已经确定。

（2）多数当事人之间具有同一的诉讼标的或具有同一种类的诉讼标的。即人数确定的代表人诉讼，既可以是必要共同诉讼，也可以是普通共同诉讼。

（3）当事人推选出代表人。

①可以由全体当事人推选共同的代表人。

②也可以由部分当事人推选自己的代表人。

③推选不出代表人的当事人，在必要的共同诉讼中可由自己参加诉讼，在普通的共同诉讼中可以另行起诉。

【点睛之笔】人数确定的代表人诉讼推选代表人的记忆口诀是：靠选（全体推选、部分推选）选不出可以没有代表人（在必要的共同诉讼中自己来，在普通的共同诉讼中另行起诉）。

2. 人数不确定的代表人诉讼

（1）适用条件：当事人一方人数众多，并于起诉时仍未确定；

多数当事人之间的诉讼标的属同一种类，即人数不确定的代表人诉讼只能是普通共同诉讼。

当事人推选出代表人：①推选；②协商：法院提出人选与当事人协商；③人民法院指定。

【点睛之笔】人数不确定的代表人诉讼推选代表人的记忆口诀是：三步走，但是最终肯定有人代表（即最终走到由法院指定）。

（2）特殊程序：

①人民法院可以发出公告。

②向人民法院登记的当事人，应证明其与对方当事人的法律关系和所受到的损害，不能证明的，不予登记，但可另行起诉。

③人民法院作出的判决、裁定，对参加登记的全体权利人发生效力。

【陷阱提示】裁判扩张程序：未参加登记的权利人在诉讼时效期间内提起诉讼，人民法院认定其请求成立的，裁定适用人民法院已作出的判决、裁定。

命题点三：代表人诉讼的行为效力问题

除特定的对实体权利的处分外，代表人的诉讼行为对其所代表的当事人当然发生效力。

【陷阱提示】代表人的诉讼行为对其所代表的当事人发生效力，但代表人变更、放弃诉讼请求或者承认对方当事人的诉讼请求，进行和解必须经被代表的当事人同意。且这里的同意是指事前的全体同意，事后的追认不可，过半数的同意也不可，采用一票否决制。

【预测试题】以下情形关于代表人诉讼的说法正确的是：[1]

---

〔1〕 答案：AB。C 项无需重新公告、登记、选代表人，直接适用裁判扩张；D 项无论是人数确定和还是人数不确定的代表人诉讼，代表人进行和解都需要经过被代表当事人的同意。

A. 在一起航空客运合同纠纷中，全体乘客要起诉航空公司，一名乘客不选他人做代表人，也无人选他做代表人，可以告知其另行起诉

B. 在一起伪劣兽用疫苗群体纠纷形成的代表人诉讼中，欲起诉的受害养殖户见公告后需要到法院登记权利

C. 伪劣兽用疫苗群体纠纷形成的代表人诉讼作出判决后，又有受害养殖户欲起诉，应该重新公告、登记、选代表人

D. 航空客运合同纠纷引起的代表人诉讼中，代表人可以自行与航空公司和解；伪劣兽用疫苗群体纠纷形成的代表人诉讼中，代表人必须得到被代表人的同意才能与可以与生物制品公司和解

考点 14：第三人 ★★★★

命题点一：有独立请求权第三人

1. 参诉条件。对本诉的诉讼标的有独立的请求权：通常表现为第三人对他人之间争执的标的物主张所有权（包括继承权）。

2. 参诉方式。以起诉的方式参加。有独立请求权的第三人既然对本诉的诉讼标的主张独立的请求权，因此是权利人，权利是可以放弃的，因此其必须以起诉的方式加入正在进行的诉讼中来，法院不会主动追加，因为这会违背不告不理的诉讼原理。

3. 参诉地位。有独立请求权的第三人实质上是参加之诉的原告，享有与本诉原告相同的诉讼权利（管辖权异议除外——因其是本案的当事人，但不是本诉的当事人）。第三人参加之诉应当以本诉的原告和被告作为被告。

【点睛之笔】如果有独立请求权的第三人申请撤销参加之诉，本诉可以继续审理；本诉原告申请撤销本诉，有独立请求权的第三人作为另案原告，原案原告、被告作为另案被告，诉讼另行进行。

命题点二：无独立请求权第三人

1. 参诉条件。

（1）案件的处理结果与其有法律上的利害关系；

（2）本诉正在进行：时间是从被告应诉起，到诉讼审理终结止，一般也是在第一审程序中参加，这一点与有独立请求权第三人参加诉讼相同。

【点睛之笔】第一审程序中未参加诉讼的第三人，申请参加第二审程序的，人民法院可以准许。即将第三人的参诉时间扩展到了二审。

2. 参诉方式。

（1）第三人主动申请参加；

（2）法院通知其参加：法院的通知可能基于法院的职权行为，也可能基于原告或被告的申请。

3. 参诉地位。无独立请求权第三人是广义上的当事人，因此具有自己独立的诉讼地位。

（1）有权行使的诉讼权利：如提供证据、委托诉讼代理人、申请回避、进行辩论等。

（2）无权行使的诉讼权利（五个）：无权对案件的管辖权提出异议，无权放弃、变更诉讼

请求或者申请撤诉与和解。

（3）附条件行使的诉讼权利（两个）：是否可以行使上诉权、对调解的同意权以及对调解书的签收权，取决于是否由其直接承担实体义务。

【陷阱提示】

①无独三附条件行使上诉权，是指其成为上诉人的前提必须是一审判令其承担实体义务，若一审法院未判令其承担实体义务，则无独三不能行使上诉权，成为上诉人。但是这里必须指出的是，无独三成为被上诉人并不附条件，只要上诉人对于无独三不满，无独三就是被上诉人。

②同理，只有一审判令无独三承担实体义务，无独三才可行使对调解的同意权、调解成功后对于调解的签收权，这里必须指出的是，无独三加入原、被告之间的调解活动中并不附条件。

命题点三：第三人撤销之诉★★★★

1. 提起第三人撤销之诉的条件。

（1）程序条件：因不能归责于本人的事由未参加诉讼。

（2）证据条件：有证据证明发生法律效力的判决、裁定、调解书的部分或者全部内容错误。

（3）结果条件：造成其民事权益的损害。

（4）时间条件：起诉时间要求在自知道或者应当知道其民事权益受到损害之日起6个月内提出。

（5）管辖条件：第三人撤销之诉应当向作出该判决、裁定、调解书的人民法院提起。

2. 消极范围：对下列情形提起第三人撤销之诉的，人民法院不予受理。

（1）适用特别程序、督促程序、公示催告程序、破产程序等非讼程序处理的案件；

（2）婚姻无效、撤销或者解除婚姻关系等判决、裁定、调解书中涉及身份关系的内容；

（3）未参加登记的权利人对代表人诉讼案件的生效裁判；

（4）损害社会公共利益行为的受害人对公益诉讼案件的生效裁判。

3. 当事人确定。第三人提起撤销之诉，人民法院应当将该第三人列为原告，生效判决、裁定、调解书的当事人列为被告，但生效判决、裁定、调解书中没有承担责任的无独立请求权的第三人列为第三人。

4. 程序要求。

（1）人民法院对第三人撤销之诉案件，应当组成合议庭开庭审理。

【点睛之笔】第三人撤销之诉应当适用第一审普通程序审理。

（2）为了防止当事人利用第三人撤销之诉程序来实现拖延诉讼、转移财产、阻碍执行等不正当目的，第三人撤销之诉的提起原则不应当中止对原裁判的执行。

【点睛之笔】例外：人民法院受理第三人撤销之诉案件后，原告提供相应担保，请求中止执行的，人民法院可以准许。

5. 救济模式的关系。

（1）第三人撤销之诉案件审理期间，人民法院对生效判决、裁定、调解书裁定再审的，受理第三人撤销之诉的人民法院应当裁定将第三人的诉讼请求并入再审程序。但有证据证明原审当事人之间恶意串通损害第三人合法权益的，人民法院应当先行审理第三人撤销之诉案件，裁定中止再审诉讼。

（2）第三人提起撤销之诉后，未中止生效判决、裁定、调解书执行的，执行法院对第三人依照民事诉讼法规定提出的执行异议，应予审查。第三人不服驳回执行异议裁定，申请对原判决、裁定、调解书再审的，人民法院不予受理。

案外人对人民法院驳回其执行异议裁定不服，认为原判决、裁定、调解书内容错误损害其合法权益的，应当根据《民事诉讼法》第234条规定申请再审，提起第三人撤销之诉的，人民法院不予受理。

【点睛之笔】 第三人权利的救济途径。

参加诉讼、案外人申请再审、案外人对执行标的的异议（简称执行异议）、第三人撤销之诉。其中，参加诉讼针对的是未生效文书，而后三种救济方式针对的均为生效文书，本质上都属于事后救济。我们知道，司法资源具有有限性，因此民事诉讼不应也不会允许案外人或第三人多次、重复、多头寻求救济。为理顺案外人申请再审、执行异议、第三人撤销之诉这三种事后救济的关系，《民事诉讼法解释》作出前述关于救济模式关系的规定。其中，法条（1）实际上系源于"再审优先"的理念。所谓"再审优先"，用以指代当再审和第三人撤销之诉并存的时候，原则上当以诉的合并方式让再审吸收撤销之诉，即将第三人的诉讼请求并入再审程序。立法之所以采用此一理念，其原因在于第三人程序之诉适用第一审普通程序审理，撤销之诉的审理结果可以上诉、再审，未能体现救济的终局性，而在再审中我们会讲到，当事人申请再审找法院只能找一次，再审具有相对的终局性，为了维护司法权威，保证生效裁判的既判确定力，司法解释采用了"再审优先"的理念。法条（2）的上下两款难度较大，考生不必过于纠结此一法条的内在原理，从应试角度来讲，大家只需要记住该条规范实际上是按照"程序启动之先后顺序"作出的规定即可。具体而言，第三人撤销之诉在前，不排斥执行异议，因此提出执行异议的，法院应予审查；反之，执行异议在前，则排斥第三人撤销之诉，提出第三人撤销之诉的，法院不予受理。

【预测试题】 1. 有关有独立请求权第三人和无独立请求权第三人的区别，下列选项正确是：[1]

A. 有独立请求权第三人是因为对他人之间的诉讼标的主张独立的请求权而参加，无独立请求权第三人是因为案件的处理结果与其有法律上的利害关系而参加

B. 有独立请求权第三人以提起诉讼的方式参加诉讼，而法院只能应当事人申请而通知无独立请求权第三人参加诉讼

C. 有独立请求权第三人享有同本诉原告完全相同的诉讼地位，无独立请求权第三人不享有独立的诉讼地位

D. 有独立请求权第三人可以提出管辖权异议和申请撤诉，而无独立请求权第三人不能提出管辖权异议，也不能申请撤诉

2. 以下关于第三人撤销之诉的说法不正确的是：[2]

A. 人民法院在第三人撤销之诉案件的审理过程中，对生效文书裁定再审的，则应当裁定将再审程序并入第三人撤销之诉中

B. 人民法院对于第三人撤销之诉案件，应当由审判员组成合议庭开庭审理

C. 第三人撤销之诉提起后，原则不应当中止对原裁判的执行，但原告提供相应担保，请

---

[1]　答案：A。C项有独三享有同本诉原告基本相同的权利，但并非完全相同，因为有独三无权提出管辖权异议；而无独三作为当事人，在诉讼中当然具有独立的诉讼地位。

[2]　答案：ABD。注意B项错在"由审判员组成合议庭"。

求中止执行的，人民法院可以准许

D. 适用特别程序、督促程序、公示催告程序、破产程序等非讼程序处理的案件也可以依法提起第三人撤销之诉

3. 下列有关第三人撤销之诉与当事人申请再审的比较，说法正确的是：[1]

A. 两者都是以诉讼方式救济生效文书，本质上属于事后救济

B. 两者适用的程序不尽相同

C. 两者的管辖法院不尽相同

D. 两者提出的时间标准不尽相同

E. 两者的主体范围不尽相同

F. 两者程序启动后对执行是否中止的影响不尽相同

考点 15：诉讼代理人 ★ ★

命题点一：法定代理人

1. 代理权限。享有当事人的所有诉讼权利，也应当履行当事人的诉讼义务。（全权代理）

2. 诉讼地位。法定代理人不是当事人，当事人仍然是无诉讼行为能力人本人。

《民事诉讼法解释》第 67 条　无民事行为能力人、限制民事行为能力人造成他人损害的，无民事行为能力人、限制民事行为能力人和其监护人为共同被告。

命题点二：委托代理人

1. 委托代理人的范围。

《民事诉讼法》对于代理人的资格予以了限制，要求必须是：

（1）律师、基层法律服务工作者；

（2）当事人的近亲属或者工作人员；

【陷阱提示】这里的工作人员必须和单位之间具有明确的劳动关系，因此所谓的兼职、实习生不是这里的工作人员。

（3）当事人所在社区、单位以及有关社会团体推荐的公民。

【点睛之笔】无民事行为能力人、限制民事行为能力人以及其他依法不能作为诉讼代理人的，当事人不得委托其作为诉讼代理人。

---

〔1〕　答案：ABCDEF。无论是第三人撤销之诉还是当事人申请再审均是针对生效文书向法院提出的救济，因此属于事后救济，A 正确。第三人撤销之诉适用的是一审普通程序，而再审没有独立的审理程序，关键看生效审是几审，即生效判决一审作出，再审按一审，生效判决二审作出或再审，再审按二审，B 正确。第三人撤销之诉向作出该判决、裁定、调解书的人民法院提起，而当事人申请再审原则上向原审人民法院的上一级人民法院申请，当事人一方人数众多或当事人双方为公民的案件，也可向原审人民法院申请再审，C 正确。第三人撤销之诉应当自知道或者应当知道其民事权益受到损害之日起 6 个月内提出（主观标准），而当事人申请再审原则上应当在判决、裁定、调解书发生法律效力后 6 个月内提出（客观标准），但是有本法第 207 条第 1 项（新的证据）、第 2 项（主要证据是伪造的）、第 12 项（据以作出原判决、裁定的法律文书被撤销或者变更的）、第 13 项（审判人员审理该案件时有贪污受贿，徇私舞弊，枉法裁判行为的）规定情形的，自知道或者应当知道之日起 6 个月内提出（主观标准）。D 正确。第三人撤销之诉的主体限于有独立请求权第三人和无独立请求权第三人，因此主体范围小于申请再审的主体，E 正确。第三人撤销之诉的提起原则上不导致执行中止，而再审启动后原则上要中止执行，F 正确。

2. 委托代理人的代理权限。

（1）一般授权：经过一般授权的委托代理人依据委托当然享有程序性的诉讼权利，如申请回避、管辖权异议等，但不能享有具有处分实体权利性质的诉讼权利。

（2）特别授权：经过特别授权的委托代理人可以行使实体性的诉讼权利，即代为承认、放弃、变更诉讼请求、进行和解、提起反诉或者上诉。

【点睛之笔】这里的口诀是"变承解放＋反上"，其中这里的"解"作扩大解释，不仅包括和解，还包括调解。因此这里的实体权利一共是7个。

【陷阱提示】在委托授权书上写"全权代理"，但未写明具体授权范围的，视为一般授权。

【预测试题】

1. 以下有关民事诉讼代理人制度的说法中，不符合法律和司法解释规定的有：[1]

A. 当事人委托诉讼代理人必须采用书面委托的方式，即出具载明代理权限和代理事项的授权委托书

B. 当事人在委托授权书上仅写"全权代理"，但未写明具体授权范围的，则该委托代理人无权进行和解、参与调解、提起反诉或上诉

C. 离婚案件的当事人委托诉讼代理人代为出庭诉讼的，本人可以不出庭

D. 当事人应当在起诉时向法院送交授权委托书，被委托的诉讼代理人还应当向法院提交能够证明其身份和资质的相关材料

2. 下列主体中可以作为民事诉讼中的委托代理人的有：[2]

A. 方妈与方爸的房屋租赁合同纠纷诉讼中，方妈的已为退休工人的父亲

B. 纽约公司和华盛顿公司的买卖合同纠纷诉讼中，纽约公司的实习生郑某，系某名牌大学的法学院高材生

C. 盛大网络公司与好声音传媒公司的专利纠纷诉讼中，由中华全国专利代理人协会推荐的专利代理人乔某

D. 大权和大白的离婚诉讼中，作为基层法律服务工作者的杨洋

---

〔1〕 答案：ABCD。B项中该授权是一般授权，无权进行上文中提到的七大实体权利。A项忽略了一个例外，即简易程序中双方同时到庭，径行开庭审理的，双方可以当场口头委托代理人。D项错在起诉时，应当是开庭审理前。

〔2〕 答案：ACD。工作人员作为委托代理人必须有明确的劳动关系，因此实习生、兼职都不属于这里的工作人员。

第五单元　民事证据

考点 16：证据分类 ★★★

命题点一：法定种类

1. 证人证言。

（1）证人的资格：

①证人必须是当事人、诉讼代理人以外的人；

②证人必须是了解案件事实的人，证人不适用回避，案件当事人之外的第三人，只要其知晓案件的有关情况，其均可作为证人作证，即使其与案件的一方当事人有利害关系；

③证人必须能够正确表达意思。因此法律规定，待证事实与其年龄、智力状况或者精神健康状况相适应的无民事行为能力人和限制民事行为能力人，可以作为证人。

【点睛之笔】民诉中的证人包括单位与个人。这一点不同于刑诉，刑诉中不存在单位证人。本案的诉讼代理人、审判人员、书记员、鉴定人员、翻译人员、勘验人员不能作为本案的证人，之所以这样规定，是因为证人的身份不得具有重合性。

（2）证人出庭作证的启动方式：

①依当事人的申请：当事人申请证人出庭作证的，应当在举证期限届满前提出；

②法院职权通知：属于人民法院依职权收集证据情形的，人民法院可以依职权通知证人出庭作证。

【点睛之笔】未经人民法院通知，证人不得出庭作证，但双方当事人同意并经人民法院准许的除外。

（3）出庭的例外：证人以出庭作证为原则，有下列情形之一，经人民法院许可，可通过书面证言、视听传输技术或视听资料等方式作证：

①因健康原因不能出庭的；

②因路途遥远，交通不便不能出庭的；

③因自然灾害等不可抗力不能出庭的；

④其他有正当理由不能出庭的。

【点睛之笔】证人在法院组织双方当事人交换证据时出席陈述证言的，可视为出庭作证。

（4）出庭费用负担：证人出庭作证的费用由败诉一方当事人负担。当事人申请证人作证的，由该当事人先行垫付；当事人没有申请，人民法院通知证人作证的，由人民法院先行垫付。

（5）作证要求：① 证人应当客观陈述其亲身感知的事实，作证时不得使用猜测、推断或评论性语言。② 证人作证前不得旁听法庭审理，作证时不得以宣读事先准备书面材料方式进行。③ 证人应当就其作证的事项进行连续陈述。（人证导出方式——会话式与问答式）

（6）证人保证书制度：人民法院在证人出庭作证前应当告知其如实作证的义务以及作伪证的法律后果，并责令其签署保证书，但无民事行为能力人和限制民事行为能力人除外。证人拒绝签署保证书的，不得作证，并自行承担相关费用。

2. 鉴定意见。

（1）鉴定的启动：鉴定意见的启动途径有二：第一，当事人可以申请鉴定：当事人申请鉴定，应当在法院指定的期间内提出，在人民法院同意启动鉴定程序后，应由双方当事人从具备资格的鉴定人名录中协商确定鉴定人，协商不成的，由人民法院指定鉴定人。第二，人民法院直接委托鉴定。

（2）鉴定人出庭制度：当事人对鉴定意见有异议或人民法院认为鉴定人有必要出庭的，鉴定人应当出庭作证。经人民法院通知，鉴定人拒不出庭作证的，鉴定意见不得作为认定事实的根据；支付鉴定费用的当事人可以要求返还鉴定费用。

【点睛之笔】鉴定人应当在综合了解与鉴定内容相关的案件材料基础上，进行鉴定。必要时，鉴定人还可以询问当事人、证人。鉴定完毕后，须出具书面的鉴定意见。

（3）鉴定人出庭费用：鉴定人出庭费用按照证人出庭作证费用的标准计算，由败诉的当事人负担。因鉴定意见不明确或者有瑕疵需要鉴定人出庭的，出庭费用由其自行负担。

（4）鉴定人鉴定的保证书制度：鉴定开始之前，人民法院应当要求鉴定人签署承诺书。承诺书中应当载明鉴定人保证客观、公正、诚实地进行鉴定，保证出庭作证，如作虚假鉴定应当承担法律责任等内容。

（5）专家辅助人出庭制度：当事人可以申请有专门知识的人出庭，就鉴定意见或专业问题提出意见。关于专家辅助人制度考生应从如下几个角度进行掌握：

①专家辅助人出庭只能依当事人的申请而启动，申请的时间限于举证期限届满前，人数为1至2名。

②人民法院接受申请后应当进行审查，符合条件的，就应当通知专业人士出庭；不符合条件的，予以驳回。

③专家辅助人出庭主要是为了弥补鉴定意见的不足，代表当事人对鉴定意见进行质证，或者对案件事实所涉及的专业问题提出意见。是对鉴定意见的补充和完善。

④具有专门知识的人在法庭上就专业问题提出的意见，视为当事人的陈述。

⑤人民法院准许当事人申请的，相关费用由提出申请的当事人负担。即"谁申请，谁负担"，这一点与申请证人出庭的费用最终由败诉一方承担不同。

⑥人民法院可以对出庭的具有专门知识的人进行询问。经法庭准许，当事人可以对出庭的具有专门知识的人进行询问，当事人各自申请的具有专门知识的人可以就案件中的有关问题进行对质。具有专门知识的人不得参与专业问题之外的法庭审理活动。

3. 电子数据。电子数据是指通过电子邮件、电子数据交换、网上聊天记录、博客、微博客、手机短信、电子签名、域名等形成或者存储在电子介质中的信息。

【点睛之笔】存储在电子介质中的录音资料和影像资料，适用电子数据的规定。

4. 文书提出命令制度。书证在对方当事人控制之下的，承担举证证明责任的当事人可以在举证期限届满前书面申请人民法院责令对方当事人提交。申请理由成立的，人民法院应当责令对方当事人提交，因提交书证所产生的费用，由申请人负担。对方当事人无正当理由拒不提交，人民法院可以认定申请人所主张的书证内容为真实。

【预测试题】 1. 关于证人制度的表述，下列哪些选项是不正确的?[1]

A. 只要尚未开庭就可以申请证人出庭作证，且人民法院不会主动依职权通知证人出庭

B. 证人因履行出庭作证义务而支出的交通、住宿、就餐等必要费用以及误工损失，由申请该证人出庭的当事人负担

C. 当事人没有申请证人出庭作证，人民法院通知证人出庭作证的，证人因出庭作证而支出的各项费用由证人自行垫付，最终由败诉一方当事人负担

D. 扎西家住西藏墨脱县的偏远山区。在去云南探亲期间扎西看到游客肖某与旅行社发生纠纷的过程，后肖某起诉旅行社违约，并申请通知扎西出庭作证，经法院许可，扎西可以通过书面证言、视听资料或者视听传输技术来代替出庭作证

2. 关于鉴定意见，下列说法正确的是:[2]

A. 就专门性问题，当事人可以自行委托鉴定，也可以在诉讼中向法院申请鉴定；没有当事人申请，法院对专门性问题认为需要鉴定的，也可以委托鉴定，不过，应当委托具备资格的鉴定人进行鉴定

B. 当事人对鉴定意见有异议，接到人民法院通知后，鉴定人拒不出庭作证的，鉴定意见不得作为认定事实的根据

C. 交警作出的交通事故责任认定书，属于鉴定意见

D. 鉴定人只应对专业性问题提供意见，不得参与与鉴定无关的活动，不得询问当事人

命题点二：理论分类：本证和反证

1. **分类标准**：按照证明责任来划分，即谁主张积极事实，谁承担证明责任。

【点睛之笔】 民事诉讼中的待证事实一般都是积极事实，而消极事实一般不是待证事实（证明对象）。例如，原告说被告向其借了钱，被告则说自己没有借钱。这里很显然借钱是一个积极事实，而没有借钱就是一个消极事实，因此由提出积极事实的原告承担证明责任。

2. **分类**。本证是负有证明责任的当事人所提出的能证明其主张成立的证据材料；反证是指不负有举证责任的当事人为推翻或反驳对方的主张，以证据证明相反事实存在的证据材料。

3. **核心提示**。本证与反证与当事人的诉讼地位无关；有时同一证据可能既是本证，又是反证。

【点睛之笔】 考生有效应对本证、反证的考题必须记住如下两点规律：

第一，法律关系、法律事实产生、存在由原告证明；第二，法律关系、法律事实变更、消灭由被告证明。综合以上规律，判断一个证据是本证还是反证，要分三步：

第一步，确定该证据欲证明的案件事实是什么；

第二步，确定该证据欲证明的案件事实由谁承担举证责任；

第三步，确定该证据由谁所提出，进而根据本证、反证的概念来确定其分类：当证据的提出主体与负有举证证明责任的主体同一时，则属本证，反之即为反证。

例1：原告诉请被告返还借款5万元，为证明这一事实，原告向法院提交了被告书写的"借据"；被告则主张"借款已经清偿"，并向法院出示了原告交给他的"收据"。判断一下这

---

[1] 答案：ABC。证人出庭既可以依申请，也可以依职权；证人出庭作证的费用由败诉一方承担；法院职权通知证人出庭的，由人民法院先行垫付。

[2] 答案：AB。交警出具的责任事故认定书属于书证；为了保证鉴定的准确性和全面性，鉴定人当然可以询问当事人。

里的借据和收据是本证还是反证。我们按照上述的步骤和规律解题，借据要证明的事实是借款存在，存在由原告证明，原告负证明责任，原告提出的证据当然就是本证；同理，收据要证明借款已经清偿，清偿相当于消灭，消灭由被告证明，被告负证明责任，被告提出的证据当然也是本证。所以在这个例子中，借据和收据都是本证。

例2：我们在上一个例子的基础上进行引申，原告诉请被告返还借款5万元，为证明这一事实，原告向法院提交了被告书写的"借据"，这里的借据还是本证，被告来到法院，提供了一个收据，收据上写着"还了3万，还欠2万"，现在问这个收据是本证还是反证。首先，还了3万元，说明消灭了3万元，消灭由被告证明，被告负证明责任，被告提出的证据当然就是本证；其次，再来看还欠2万元，还欠2万元属于存在，存在由原告证明，因此被告不负证明责任，那么不负证明责任一方提出的证据就是反证。因此，这一收据"既是本证，又是反证"。

【预测试题】赵四起诉刘能要求归还欠款5000元，赵四提供了一张借据，用以证明该借款事实成立。刘能提供了一封书信，说明这个5000是赵四给他孙子刘幼能满月的贺礼，不是借款。后刘能又提出一个赵四写的收条，主张已经归还了欠款。而赵四提供了刘能写的一个"说明"，说明收条里面涉及的5000元钱，是刘能给其儿子赵玉田的婚礼贺礼，不是还款。关于以上证据，下列说法错误的有：[1]

A. 原告提供的借据和说明都是本证
B. 被告提供的书信和收条都是反证
C. 原告提供的借据和说明都是反证
D. 被告提供的书信和收条都是本证

考点 17：自认 ★★

1. 区分自认和认诺。

自认是一种相对的免证事实，因此自认的对象仅限于事实。而认诺与其不同，认诺是对对方诉讼请求的承认。例如：侵权纠纷中，法官问被告，被告你是否承认你打了原告，被告说我承认，我还没打够，这属于自认，针对侵权行为这一事实；离婚诉讼中，法官问男方是否同意把财产全部判给女方，男方说我同意，只要现在就离，这就是典型的认诺，针对的是财产分割的诉讼请求。

2. 自认的范围。

（1）身份关系案件中与身份关系相联系的事实不能适用自认，如涉及收养关系、婚姻关系等事实。

【陷阱提示】这并不等于说身份关系的诉讼中不适用自认，和身份关系相关的财产分割等问题依然可以适用自认。

（2）损害国家利益、社会公共利益或者他人合法权益的事实不适用自认。

（3）在诉讼中当事人为了达成调解协议或者和解的目的而做出的妥协所涉及的对事实的认可，不得在其后的诉讼中作为对其不利的证据。

【陷阱提示】这一规定存在例外，即法律另有规定或者当事人均同意的除外。

（4）自认的事实与查明的事实不符的，人民法院不予确认。

---

[1]　答案：ABCD。本题中借据和收条属于本证；书信和说明则属于反证。

3. 自认的方式。

（1）明示自认；

（2）默示自认：对一方当事人陈述的事实，另一方当事人既未表示承认也未否认，经审判人员充分说明并询问后，其仍不明确表示肯定或否定的，视为对该项事实的承认。

【陷阱提示】 这里的默示自认有一个前提就是当事人经审判人员充分说明并询问后，其仍不明确表示肯定或者否定。之所以这样规定，是因为很多时候当事人在诉讼中不说话不是不想说，而是没听见或没听懂，所以法院不能因为一方不说话就推定其承认该项事实。

（3）诉讼代理人的自认。代理人的自认，这里有 2 点规则：

①当事人委托代理人参加诉讼的，除授权委托书明确排除的事项外，代理人的承认视为当事人的承认。即无论是法定代理人还是委托代理人都能够自认，只不过委托代理人的自认要在授权委托书的事项范围内。

②当事人在场对诉讼代理人的自认明确否认的，不视为自认。因为相较于当事人本人的自认，诉讼代理人的自认是派生性的，是第二位的，当事人本人明确否认的，当然不产生自认的效果。

（4）共同诉讼中的自认。共同诉讼中的自认因必要共同诉讼和普通共同诉讼而有所不同。

①必要共同诉讼中，共同诉讼人中一人或者数人作出自认而其他共同诉讼人予以否认的，不发生自认的效力。其他共同诉讼人既不承认也不否认，经审判人员说明并询问后仍然不明确表示意见的，视为全体共同诉讼人的自认。

②普通共同诉讼中，共同诉讼人中一人或者数人作出的自认，对作出自认的当事人发生效力。

（5）有所限制或附加条件自认。一方当事人对于另一方当事人主张的于己不利的事实有所限制或者附加条件予以承认的，由人民法院综合案件情况决定是否构成自认。

4. 自认的撤销：自认的撤销受到严格限制，在诉讼中几乎没可能。具体而言，当事人在法庭辩论终结前撤销自认，有下列两种情形的人民法院应当准许：

（1）经对方当事人同意的；

（2）自认是在受胁迫或重大误解情况下作出的。

人民法院准许当事人撤销自认的，应当作出口头或者书面裁定。

【预测试题】 1. 下列双方当事人的承认，构成证据制度中自认的是：[1]

A. 张某承认与黎某某存在婚姻关系

B. 张某承认家中存款 36 万在自己手中

C. 张某同意生活用品归各自所有

D. 黎某某承认张某不是张小某的亲生父亲

2. 根据我国的相关司法解释，我国民事诉讼证据制度中确立了当事人自认制度。下列关于当事人自认的表述中，正确的是：[2]

A. 只要对方当事人在诉讼过程中明确表示承认，当事人就可以免除举证责任

B. 在甲乙合同纠纷诉讼中，甲公司对于欠乙公司货款的事实，予以承认，法院查明该事实不存在，则该承认不能产生自认效果

C. 对一方当事人陈述的事实，另一方当事人既未表示承认也未表示否认，经审判人员

---

〔1〕 答案：B。C 项属于认诺，而不是自认。

〔2〕 答案：BC。A 项忽略了自认的例外；D 项须经对方当事人的同意。

充分说明并询问后，仍不作表示的，视为对该事实的承认

D. 当事人在法庭辩论终结前可以撤回自认并不必经对方当事人同意

考点 18：证明责任 ★★★

命题点一：证明责任的一般分配原则

证明责任的一般分配适用"谁主张，谁举证"的原则，"谁主张，谁举证"的原则可以进一步细化为"主张积极事实，该积极事实作为证明对象，主张者有证明责任；而主张消极事实，该消极事实不作为证明对象，主张者无证明责任"。

命题点二：特殊侵权案件中的举证责任分配（专利、高度危险、环境、医疗、饲养动物、共同危险、高空坠物、缺陷产品）

【点睛之笔】记忆规律：

1. 侵权行为 99% 是原告证明，只有一个例外，即专利方法侵权。

2. 损害结果永远是原告证明；免责、减责事由永远是被告证明。

3. 过错谁来证明看归责原则：（1）过错责任——原告；（2）过错推定责任——被告；（3）无过错责任——谁都不需要证明，因为有没有过错都要赔偿。

4. 因果关系倒置只有两种情形：环境污染、共同危险。

适用这个规律的步骤如下：首先找出待证事实，看看题目要我们证明什么，是行为、结果还是因果等；然后想我们总结的上述规律进而套用规律。

【预测试题】甲乙丙丁四个小孩暑假期间，在一起玩耍，每人拿一根树枝，互相拼打、玩闹，忽然，一根树枝戳中甲的右眼，甲被送至医院后，花去医药费 10 万元，后续医药费还需要 30 万元。关于本案中所涉及的事实的证明责任承担的表述，下列说法正确的有：[1]

A. 本案属于特殊侵权案件，适用举证责任倒置规则，由乙丙丁承担全部事实举证证明责任

B. 根据举证证明责任一般规则，甲应当对共计 40 万的医疗费用承担证明责任

C. 根据谁主张、谁举证的规则，甲要就"四人用树枝相互拼打、玩闹"的行为承担举证责任

D. 乙丙丁要就其行为与损害结果不存在因果关系承担举证责任

命题点三：证明标准（新增）

修改后的《民事诉讼法解释》明确了民事诉讼中的证明标准问题。其第 108 条规定了"高度可能性"的一般证明标准：对负有举证证明责任的当事人提供的证据，人民法院经审查并结合相关事实，确信待证事实的存在具有高度可能性的，应当认定该事实存在。第 109 条规定了"能够排除合理怀疑"的一般证明标准之例外：即当事人对欺诈、胁迫、恶意串通事实的证明，以及对口头遗嘱或者赠与事实的证明，人民法院确信该待证事实存在的可能性能够排除合理怀疑的，应当认定该事实存在。

---

〔1〕 答案：BCD。举证责任倒置，也并非全部事实均倒置；本题属于共同危险，因此因果关系倒置，由被告证明。

考点 19：证明程序 ★ ★ ★

命题点一：证据保全

1. 诉前证据保全。

（1）适用条件：证据可能灭失或以后难以取得。

（2）启动方式：利害关系人申请。

（3）申请法院：《民事诉讼法》第 84 条第 2 款规定："因情况紧急，在证据可能灭失或者以后难以取得的情况下，利害关系人可以在提起诉讼或者申请仲裁前向证据所在地、被申请人住所地或对案件有管辖权的人民法院申请保全证据。"

【点睛之笔】关于诉前证据保全的申请法院可以总结为"有人——被申请人住所地；有物——证据所在地 + 其他"。这里的其他同样依据案件的类型确定。

（4）担保：利害关系人应当提供担保。

（5）解除保全：申请人在人民法院采取保全措施后 30 日内不起诉的，人民法院应当解除保全措施。

2. 诉中证据保全。

（1）适用条件：证据可能灭失或以后难以取得。

（2）启动方式：当事人申请或者人民法院依职权。

（3）申请期限：当事人申请证据保全，不得迟于举证期限届满前提交书面申请。

（4）担保：人民法院可以要求申请人提供相应的担保。

【点睛之笔】证据保全可能对他人造成损失的，人民法院应当责令申请人提供相应的担保。

命题点二：人民法院调查收集证据

《证据规定》将法院调查收集证据分为两类：法院依职权调查收集证据和法院依据当事人的申请调查收集证据。需要明确的是，申请调查收集证据是原则，职权调查收集证据是例外。因此，排除职权调查收集证据的情形，皆为可以申请调查收集证据的情形。

1. 法院依职权调查收集证据。为了保持审判中立，法院依职权调查收集证据受到极大的规制，只在如下情形下进行：

（1）涉及可能损害国家利益、社会公共利益的；

（2）涉及身份关系的；

（3）涉及公益诉讼的；

（4）当事人有恶意串通损害他人合法权益可能的；

（5）涉及依职权追加当事人、中止诉讼、终结诉讼、回避等程序性事项的。

【记忆规律】涉及权益的（国家、社会、他人利益）、涉及身份的、职权的程序事项。

2. 根据当事人的申请调查收集证据。当事人申请调查收集的证据，应当在举证期限届满前提交书面申请。

【点睛之笔】当事人申请调查收集的证据，与待证事实无关联、对证明待证事实无意义或者其他无调查收集必要的，人民法院不予准许。

命题点三：举证时限

1. 举证期限的确定。

举证期限有两种确定方式：

（1）当事人协商，并经人民法院准许；

（2）人民法院指定。

【点睛之笔】

①人民法院确定举证期限，第一审普通程序案件不得少于 15 日，当事人提供新的证据的第二审案件不得少于 10 日。

②适用简易程序案件的举证期限由人民法院确定，也可以由当事人协商一致并经人民法院准许，但不得超过 15 日。

③小额诉讼案件的举证期限由人民法院确定，也可以由当事人协商一致并经人民法院准许，但一般不超过 7 日。

2. 举证期限的延长。

（1）当事人在举证期限内提交证据材料确有困难的，可以在举证期限内向人民法院书面申请延长期限，理由成立的，人民法院应当根据当事人的申请适当延长，延长的举证期限适用于其他当事人。

（2）再次申请延长举证期限：当事人在延长的举证期限内提交证据材料仍有困难的，可以再次提出延期申请，是否准许由人民法院决定。

3. 逾期举证的后果。

（1）当事人逾期提供证据的，人民法院应当责令其说明理由，必要时可以要求其提供相应的证据；

（2）拒不说明理由或者理由不成立的，人民法院根据不同情形可以不予采纳该证据，或采纳该证据但予以训诫、罚款。

【点睛之笔】

①当事人因客观原因逾期提供证据，或者对方当事人对逾期提供证据未提出异议的，视为未逾期。

②当事人因故意或者重大过失逾期提供的证据，人民法院不予采纳。但该证据与案件基本事实有关的，人民法院应当采纳，并依照民事诉讼法的规定予以训诫、罚款。

③当事人非因故意或者重大过失逾期提供的证据，人民法院应当采纳，并对当事人予以训诫。

【预测试题】 根据法律及司法解释的规定，下列证据材料法院可能采纳的有：[1]

A. 原告周某因疏忽大意遗漏一份证据，庭审中想起才向法院提交

B. 吴某起诉杨某货款纠纷一案，因吴某将供货单丢失，也不能向法院提供其他充分有力的证据而败诉，后吴某在上诉期间内在电子邮件中找到了电子版的供货单，提起上诉

C. 在举证期限内，潘某申请法院调查取证但未获一审法院准许，二审法院经审查认为应当准许并依潘某申请调取的证据

D. 路某经人民法院准许延期举证，但因客观原因未能在准许的期限内提供，后路某向法

---

[1] 答案：ABCD。A 项属于一般过失，因此要采纳，但是要对其进行口头训诫；B 项属于新证据，随时都可以提交。

院提出此证据，法院认为该证据涉及案件基本事实的

命题点四：证据交换

1. 证据交换的时间。证据交换的时间应当在答辩期间届满后，开庭审理前进行，并由审判人员主持。

【陷阱提示】证据交换发生在开庭审理前，所以我们常常称其为庭前的证据交换；证据交换不是一个案件的必经阶段；证据交换必须由审判人员主持，包括人民陪审员，但书记员不是这里的审判人员。

2. 证据交换的启动。证据交换有两种启动方式。可以经当事人申请而启动，也可以由法院依职权组织。但需要特别注意的是，法院职权组织的证据交换限于证据较多或复杂疑难案件。

3. 证据交换时间的确定。证据交换的时间有两种确定方式：
（1）可以由当事人协商一致并经人民法院认可；
（2）可以由人民法院指定。

4. 证据交换日期与举证期限的关系。
（1）人民法院组织当事人交换证据的，交换证据之日举证期限届满；
（2）当事人申请延期举证经人民法院准许的，证据交换日相应顺延。

5. 再次证据交换。当事人收到对方的证据后有反驳证据需要提交的，人民法院应当再次组织证据交换。

命题点五：质证

1. 质证的主体。质证的主体范围包括当事人、诉讼代理人和第三人。

【陷阱提示】法院是证据认定的主体，不是质证的主体，即便是法院依职权调取的证据。

2. 质证的对象。质证的对象是当事人向法院提出的证据，包括依当事人的申请由法院调查收集的证据。在质证时，根据当事人申请由法院调查收集的证据作为提出申请的一方当事人所提供的证据。

【点睛之笔】法院依职权调取的证据不属于质证对象；同时，当事人在证据交换过程中认可并记录在卷的证据，无须进行质证，可以作为认定案件事实的依据，但审判人员应当在庭审中对此说明。

3. 公开质证原则及例外。质证原则上应当公开进行，证据应当在法庭上出示，由当事人质证。但涉及国家秘密、个人隐私和商业秘密的案件不公开质证。

【陷阱提示】此三类案件不公开质证，但是依然要质证，只是不公开而已。

命题点六：认证

1. 不能单独作为认定案件事实根据的证据。
（1）当事人的陈述；
（2）无限行为能力人所作的与其年龄、智力状况或精神健康状况不相当的证言；
（3）与一方当事人或其代理人有利害关系的证人陈述的证言；
（4）存有疑点的视听资料、电子数据；
（5）无法与原件、原物核对的复印件、复制品。

【陷阱提示】上述五种证据不能单独认定案件事实，是关于证据证明力之规定，不等于说

这些证据就是间接证据，直接证据与间接证据的区分看的是证据与待证事实的关系。

【预测试题】

1. 关于法院审查判断证据，下列说法正确的是：[1]

A. 所有的证人都必须签署保证书，证人拒绝签署保证书的，不得作证。

B. 当事人对欺诈、胁迫、恶意串通事实的证明，以及对口头遗嘱或者赠与事实的证明，须达到能够排除合理怀疑的证明标准

C. 国家机关或者其他依法具有社会管理职能的组织，在其职权范围内制作的文书所记载的事项推定为真实，但该种推定可以被推翻

D. 无法与原件、原物核对的复印件、复制品不能作为定案的证据

2. 关于举证期限，下列说法不正确的有：[2]

A. 当事人在举证期限内提交证据材料确有困难的，当事人可以在举证期限内向法院提出延期申请，是否准许由上一级人民法院决定

B. 当事人逾期举证的，对方当事人没有提出异议，人民法院可以直接采纳该证据，视为未逾期

C. 举证期限由双方当事人协商确定，人民法院不得指定

D. 当事人因故意或重大过失逾期提供的证据人民法院一律不采纳

---

[1] 答案：BC。A 项错在无限行为能力人作证时不用签署保证书；D 项是不能"单独"作为认定案件事实的依据。

[2] 答案：ACD。参见《民事诉讼法解释》第 109 条、第 110 条、第 114 条。

第六单元　诉讼保障制度

考点 20：期间和送达 ★ ★

命题点一：期间

1. 种类。

（1）法定期间：是指由法律明文规定的期间。法定期间包括绝对不可变期间和相对不可变期间。绝对不可变期间如当事人的申请再审期间；相对不可变期间如涉外案件中境外当事人的答辩期间。

（2）指定期间：是指人民法院根据案件审理时遇到的具体情况和案件审理的需要，依职权决定当事人及其他诉讼参与人进行或完成某种诉讼行为的期间。指定期间在通常情况下不应任意变更，但如遇有特殊情况，法院可依职权变更原确定的指定期间。

2. 计算。

（1）期间届满的最后一日为法定休假日的，以法定休假日后的第一日为期间届满的日期。

（2）期间不包括在途期间，诉讼文书在期间届满前交邮的，不算过期。

【陷阱提示】这里的在途期间仅指诉讼文书的在途期间，而不包括当事人参加诉讼的在途期间，当事人参加诉讼的在途期间要计算在期间内。

3. 耽误和延展。

（1）法定情形：因不可抗拒的事由或其他正当理由；

（2）当事人申请补救，法院不会职权延展；

（3）必须在障碍消除后的 10 日内提出；

（4）人民法院最后决定是否准许。

4. 新法修改的四个时间。

（1）诉前保全后的起诉期为 30 日；

（2）涉外案件公告送达的公告期为 3 个月（国内：30 日）；

（3）第三人撤销之诉的提起时间为 6 个月；

（4）当事人申请再审的时间为 6 个月。

【预测试题】根据《民事诉讼法》和民事诉讼理论，关于期间，下列哪些选项是错误的？[1]

A. 提起第三人撤销之诉的期限是法定的不可变期间

B. 当事人因不可抗拒的正当理由耽误期间的，有权在障碍消除后的五日内向法院申请顺

---

[1]　答案：BCD。对于二审裁定的 30 日审限经院长批准是可以延长的；D 项中，申请执行的期限能中止和中断，而申请再审的期限不能中止和中断。

延，法院应当准许

    C. 对民事裁定进行二审的审理期限为 30 日，且不可延长

    D. 当事人申请执行的期限和申请再审的期限一样，都是可以中断和中止的

命题点二：送达

1. 直接送达。直接送达是最常见的一种送达方式，是指直接交给受送达人本人或他的同住成年家属、代收人、诉讼代理人的送达方式。

【陷阱提示】《民诉解释》第 131 条规定：人民法院直接送达诉讼文书的，可以通知当事人到人民法院领取。当事人到达人民法院，拒绝签署送达回证的，视为送达。审判人员、书记员应当在送达回证上注明送达情况并签名。人民法院可以在当事人住所地以外向当事人直接送达诉讼文书。当事人拒绝签署送达回证的，采用拍照、录像等方式记录送达过程即视为送达。审判人员、书记员应当在送达回证上注明送达情况并签名。

2. 留置送达。受送达人或有资格接受送达的人拒绝签收，送达人依法将诉讼文书、法律文书留放在受送达人住所的送达方式。

    （1）留置送达的前提是受送达人或有资格接受送达的人拒绝签收；

    （2）留置送达的地点一般是受送达人的住所，但是在简易程序中留置的地点还包括受送达人的从业场所；

    （3）调解书不适用留置送达，支付令可以留置送达；

    （4）留置送达时，可以邀请见证人到场，也可以采用拍照、录像等方式记录送达过程。

3. 电子送达。

    （1）电子送达的前提是受送达人同意；

    （2）判决书、裁定书、调解书等关涉当事人实体权益或其他较重要事项和权益的文书亦适用电子送达；

    （3）由于电子送达无法直接签收，因而《民事诉讼法》规定，电子送达的送达日期为相关电子文件到达受送达人特定系统的日期。

【陷阱提示】到达受送达人特定系统的日期，为人民法院对应系统显示发送成功的日期，但受送达人证明到达其特定系统的日期与人民法院对应系统显示发送成功的日期不一致的，以受送达人证明到达其特定系统的日期为准。

4. 委托送达。委托送达是指受诉法院直接送达确有困难，而委托其他法院将需送的诉讼文书、法律文书送交受送达人的送达方式。

【陷阱提示】委托送达的受托主体只能是其他法院，而不能是公民个人和其他组织、机关。

5. 邮寄送达。直接送达有困难的，通过邮局以挂号信的方式将需送达的文书邮寄给受送达人。

【陷阱提示】如果挂号信回执上注明的收件日期与送达回证上注明的收件日期不一致的，或者送达回证没有寄回的，送达依然有效，此时以挂号信回执上注明的收件日期为送达日期。

6. 转交送达。受诉人民法院基于受送达人的有关情况而将需送达的诉讼文书、法律文书交有关机关、单位转交受送达人的送达方式。

【陷阱提示】转交送达的对象具有特定性，只适用于受送达人是军人、被监禁人或被采取强制性教育措施的人。

7. 公告送达。公告送达是所有送达方式的兜底方式，是指采取上述方法均无法送达时，

而将需送达的文书主要内容予以公告,公告经过一定期限即产生送达后果的送达方式。国内公告送达的期限为 30 日,涉外公告送达的期限为 3 个月。

【陷阱提示】适用简易程序的案件,不适用公告送达。但《最高人民法院关于互联网法院审理案件若干问题的规定》第 18 条规定,互联网法院适用简易程序审理,可以公告送达。

【点睛之笔】法考在送达这里偶尔考查每种送达方式的例外。考生需要利用四个数字进行记忆:1、3、3。

数字 1:一个文书不能留置送达:调解书。

数字 3:三个文书不能公告送达:调解书、支付令、适用简易程序的案件。

数字 3:转交送达的三类人:军人、被监禁人或被采取强制性教育措施的人。

【预测试题】关于法院的送达行为,下列选项正确的是?[1]

A. 陈某以马某不具有选民资格向法院提起诉讼,由于马某拒不签收判决书,法院向其留置送达

B. 法院通过邮寄方式向葛某送达开庭传票,葛某未寄回送达回证,送达无效,应当重新送达

C. 法院在审理张某和赵某借款纠纷时,委托赵某所在学校代为送达起诉状副本和应诉通知

D. 经许某同意,法院用电子邮件方式向其送达证据保全裁定书

考点 21:法院调解 ★ ★ ★

命题点一:调解的适用范围

1. 一般原则。审判程序,一般都(可以)适用调解(无论是一审、二审还是审判监督程序)。

【陷阱提示】调解要遵循自愿和合法的两项子原则,调解的时间是案件受理后。

人民法院审理民事案件,调解过程不公开,但当事人同意公开的除外。调解时当事人各方应当同时在场,根据需要也可以对当事人分别作调解工作。

2. 先行调解。当事人起诉到人民法院的民事纠纷,适宜调解的,先行调解,但当事人拒绝调解的除外。这说明即便是先行调解也要遵循启动自愿。

3. 消极范围:

(1)适用特别程序、督促程序、公示催告程序、企业法人破产还债程序审理的案件;

(2)在执行程序中不适用调解,但是当事人可以达成和解;

(3)婚姻关系、身份关系确认案件以及其他依案件性质不能调解的案件。

命题点二:调解协议的内容

1. 调解协议内容超出诉讼请求的,人民法院可以准许。

【点睛之笔】例:甲向法院起诉,要求判决乙返还借款本金 1 万元在案件审理中,借款事

---

[1] 答案:AD。送达回证未寄回,应当以挂号信上的日期为准;委托送达中,受托主体只能是其他法院;裁定书亦适用电子送达。

实得以认定，同时，法院还查明乙逾期履行还款义务近一年，法院遂根据银行同期定期存款利息，判决乙还甲借款本金 1 万元，利息 520 元。该判决显然违反了民事诉讼的处分原则，现在假设法院不进行判决，而是在双方自愿的前提下进行调解，经过调解被告同意还本付息，那就是可以的。因为调解遵循意思自治，可以超出诉讼请求，法院可以准许。

2. 双方可以就不履行调解协议约定民事责任。调解协议本质是合同，不履行合同有民事责任，那么不履行调解协议同样可能涉及民事责任的问题。

【陷阱提示】调解协议约定一方不履行协议，另一方可以请求人民法院对案件作出裁判的条款，人民法院不予准许。之所以这样规定，是因为调解本身就是结案的一种方式，经过调解再请求法院作裁判违背了一事不再理。那么对方如果真的不履行是不是就拿他没办法了呢？当然不是，一方不履行调解协议的，另一方可以持调解书向人民法院申请执行。

3. 调解协议约定一方提供担保或者案外人同意为当事人提供担保的，人民法院应当准许。

【点睛之笔】担保人不签收调解书的，不影响调解书生效。当担保条件成就时，依然可以申请执行担保人的财产。

4. 调解协议内容不公开，但为保护国家利益、社会公共利益、他人合法权益，人民法院认为确有必要公开的除外。

【陷阱提示】这里的除外规定在公益诉讼中，公益诉讼当事人达成调解协议或者自行达成和解协议后，人民法院应当将协议内容公告，公告期间不少于三十日。

命题点三：调解完毕后的结案方式

1. 调解书结案。通常情况下都是应当制作调解书，应注明诉讼请求、案件事实和调解结果。

【点睛之笔】

（1）调解书中没有法律依据；

（2）调解书经双方当事人签收后，具有与生效判决同等的法律效力；

（3）调解协议达成后，调解书送达前可以反悔；

（4）调解书不适用留置送达、公告送达、电子送达。

2. 可以不制作调解书的情形。

（1）调解和好的离婚案件；

（2）调解维持收养关系的案件；

（3）能够即时履行的案件。

【点睛之笔】这里的"即时履行"说的是一次当场履行完毕，如果是分期履行则必须制作调解书。

【陷阱提示】不制作调解书的情形只能适用于一审案件，二审中的调解成功后必须制作调解书，因为二审的调解书不仅具有结案的作用，还有制约一审裁判的作用。

3. 和解结案的方式。

（1）请求依据和解协议制作调解书。

（2）申请撤诉。

【陷阱提示】不能请求法院根据和解协议或调解协议制作判决书。（两个例外：涉外＋无民事行为能力人的离婚案件）

【点睛之笔】《环境民事公益诉讼案件解释》第 25 条　环境民事公益诉讼当事人达成调解协议或者自行达成和解协议后，人民法院应当将协议内容公告，公告期间不少于三十日。公告期满后，人民法院审查认为调解协议或者和解协议的内容不损害社会公共利益的，应当出具调解书。当事人以达成和解协议为由申请撤诉的，不予准许。调解书应当写明诉讼请求，案件的基本事实和协议内容，并应当公开。（这属于公益诉讼中关于撤诉的又一个特殊规定）

命题点四：调解的效力

1. 生效时间。

（1）一般情况：调解书应自双方当事人签收后才发生法律效力。

（2）特殊情况：对于不需要制作调解书的案件而言，双方当事人、审判人员、书记员在调解协议上签名或盖章后，调解即具有法律效力。

2. 效力体现。

（1）终结力：调解协议或调解书发生效力后，当事人不得上诉。当事人也不得以同一事实和理由再行起诉。

【点睛之笔】针对调解书的有限抗诉问题。

（2）确定力：实体上的权利义务关系依调解协议的内容予以确定。

【陷阱提示】当调解书的内容与调解协议的内容不一致时，以调解协议为准，当事人以民事调解书与调解协议的原意不一致为由提出异议，人民法院审查后认为异议成立的，应当根据调解协议裁定补正民事调解书的相关内容。

（3）执行力：具有给付内容的生效调解书，具有强制执行力。

【点睛之笔】并非生效的调解书都具有执行力，生效的调解书要想具有执行力还必须具有执行的给付内容。

【预测试题】

1. 根据我国现行民事诉讼法，对于调解原则和调解制度，下列哪些说法是错误的：[1]

A. 调解协议的内容原则上不公开，但为保护国家利益、社会公共利益、他人合法权益，人民法院认为确有必要公开的除外

B. 人民检察院抗诉的再审案件不适用调解

C. 人民法院在庭前会议之中不能进行调解

D. 人民检察院检察监督的范围包括仅与双方当事人利益相关的诉讼调解书

2. 下列关于诉讼调解的说法，不正确的是：[2]

A. 在督促程序中，法院可以进行调解

B. 甲和乙的离婚诉讼经过法院调解和好，法院必须根据双方当事人之间调解协议的内容制作调解书

C. 当事人双方同意在调解协议上签字之日起调解协议生效，也在调解协议上签了字，若义务方不履行义务，拒收调解书，此调解协议不发生法律效力

D. 如果当事人对诉讼费用如何承担不能达成协议的，人民法院可以直接决定当事人承担诉讼费用的比例，并将决定记入调解书

---

〔1〕 答案：BCD。调解不区分审理阶段，检察院抗诉的再审案件可以调解；调解可以在庭前进行；人民检察院对于生效调解书的监督仅限于损害国家、社会公共利益。

〔2〕 答案：ABC。D选项中的诉讼费属于法院自决事项，因此可以直接决定比例，记入调解书。

考点 22：保全和先予执行 ★★

命题点一：财产保全

1. 种类。

	诉前财产保全	诉讼中的财产保全
提起主体	利害关系人提出申请	当事人申请或人民法院依职权保全
提起时间	起诉前	法院受理后裁判作出前
提起原因	情况紧急，不立即采取保全措施将会给申请人的合法权益造成难以弥补的损害	因一方当事人的行为或其他原因可能导致法院将来的生效判决不能执行或难以执行
担保要求	应当提供	法院可以要求提供。（例外：代位权诉讼中应当）
管辖法院	财产所在地、被申请人住所地或其他有管辖权的人民法院	（1）在一审中，由一审人民法院管辖； （2）上诉，二审法院接到报送案件之前，由第一审人民法院保全； （3）在二审中，由第二审人民法院保全。
期限不同	必须在 48 小时内裁定	只有情况紧急的才要求 48 小时

2. 程序。

（1）措施：根据《民事诉讼法》第 106 条的规定，财产保全可以采取查封、扣押、冻结或法律规定的其他方法。

①法院在财产保全中采取查封、扣押、冻结财产措施时，应当妥善保管被查封、扣押、冻结的财产。不宜由法院保管的，法院可以指定被保全人负责保管；不宜由被保全人保管的，可以委托他人或者申请保全人保管。

【陷阱提示】考生应熟记被查封、扣押、冻结的财产的保管顺序规定。

②被查封、扣押的财产，原则上任何人都不得使用、处分，但被查封、扣押物是不动产或特定动产（如车辆），若由法院指定被保全人负责保管的，如果继续使用对该财产的价值无重大影响，可以允许被保全人继续使用，但不得处分。被查封、扣押物是季节性商品，鲜活、易腐易烂以及其他不易长期保存的物品，法院可以责令当事人及时处理，由法院保存价款，必要时，可以由法院予以变卖，保存价款。

③人民法院可以保全抵押物、质押物、留置物，但抵押权人、质权人、留置权人仍有优先受偿权。同时，查封、扣押、冻结担保物权人占有的担保财产，一般由担保物权人保管；由法院保管的，质权、留置权不因采取保全措施而消灭。

（2）解除：

①没有起诉：诉前财产保全，申请人在人民法院采取保全措施后 30 日内不起诉的，人民法院应及时解除保全。

【陷阱提示】保全措施不会自动解除，而是由人民法院裁定解除。

②提供担保：财产纠纷案件，被申请人提供相应担保的，人民法院应当裁定解除保全。

（3）救济：当事人不服人民法院保全裁定的，可以自收到裁定书之日起 5 日内申请复议一次，复议期间不停止裁定的执行。

3. 行为保全：参照财产保全。注意唯一不同之处即行为保全不因提供担保而解除，其原因在于行为保全针对行为，并非财产。

命题点二：先予执行

1. 适用范围：

（1）追索赡养费、扶养费、抚养费、抚恤金、医疗费用的案件；

（2）追索劳动报酬的案件；

（3）因情况紧急，需要先予执行的案件。

【点睛之笔】我们可以将这些案件统称为四费一金＋劳动报酬。

2. 条件：

（1）当事人之间所争之诉必须是给付之诉；

（2）当事人之间权利义务关系明确；

【陷阱提示】这里当事人权利义务关系明确，不要求全案的权利义务关系都明确，而只是先予执行的那一部分关系明确，如果全案的权利义务关系都明确了法院就会作出相应裁判。

（3）有先予执行的迫切需要，即不先予执行，将会严重影响申请人的生活或生产经营；

（4）当事人向人民法院提出了申请。

【陷阱提示】先予执行只能依申请而启动，人民法院不能依职权采取。

（5）被申请人有履行能力。

3. 程序要求。

（1）担保——非必要性——可以。

【陷阱提示】先予执行的担保是非必要的，人民法院可以责令申请人提供担保，也可以不责令提供担保。但是一旦责令提供担保，申请人必须提供，否则驳回申请。

（2）范围——先予执行应限于当事人诉讼请求的范围，并以当事人的生活、生产经营的急需为限。

（3）裁定程序——经过开庭审理。

（4）救济——当事人不能上诉，但是可以自收到裁定书之日起 5 日内申请复议，复议期间，不停止执行。

【预测试题】1. 甲公司因乙公司拖欠货款且屡催不还，预备向法院提起诉讼。在收集证据、着手聘请律师起诉阶段，甲公司发现乙公司有转移财产、逃避债务的动向，遂向法院提起财产保全申请。关于纠纷的处理，下列哪些说法正确？[1]

A. 甲公司应选择被保全财产所在地、被申请人住所地或者对案件有管辖权的法院提起财产保全申请

B. 甲公司在法院采取保全措施后三十日内不提起诉讼的，法院应当解除保全

C. 甲公司如果要向法院申请财产保全，必须提供担保

D. 如果甲公司申请财产保全的房产已经进行抵押，法院就不得再采取保全措施

2. 关于行为保全和先予执行，下列哪些选项是不正确的？[2]

A. 二者的裁定都可以根据当事人的申请或法院依职权作出

---

〔1〕 答案：ABC。人民法院针对设定担保的财产依然可以进行保全。

〔2〕 答案：ABCD。诉讼中的行为保全不以情况紧急为必备的条件；D项复议期间不停止执行。

B. 与行为保全不同，先予执行只能在诉讼程序启动后提出，但两者均须提供相应的担保

C. 无论向法院申请行为保全还是先予执行，均须以情况紧急作为必备的条件之一

D. 对行为保全和先予执行的裁定，当事人不可以上诉，但可以申请复议一次，复议期间暂停对该裁定的执行

第七单元　审判程序（诉讼案件）

考点23：第一审普通程序 ★★★

命题点一：人民法院对起诉的立案与受理

一般来讲，原告起诉后，法院的处理方式有如下三种：

1. 受理。起诉符合法定条件的，应当在7日内登记立案并通知当事人。

人民法院接到当事人提交的民事起诉状时，对当场不能判定是否符合起诉条件的，应当接收起诉材料，并出具注明收到日期的书面凭证。需要补充必要相关材料的，人民法院应当及时告知当事人。在补齐相关材料后，应当在7日内决定是否立案。

2. 不予受理。立案前，发现起诉不符合法定条件的，应当在7日内作出裁定书，不予受理。

3. 驳回起诉。立案后，发现起诉不符合法定条件的，应当裁定驳回起诉。

【点睛之笔】不予受理与驳回起诉都是对不符合起诉条件的案件的处理方式，两者的区别主要在于适用的时间不同：不予受理是案件尚未受理时的处理；而驳回起诉是案件受理后的处理。不予受理、驳回起诉采用的文书都是裁定，一般而言裁定可以是口头的，但是考虑到司法实践中立案难的问题，《民事诉讼法》特别规定，对于不予受理的案件，法院必须作出书面的裁定书，以保护当事人的程序利益。

同时，为了保障民事诉讼当事人诉讼权利的行使，修改后的《民事诉讼法解释》将原有的立案审查制度变为立案登记制，即"人民法院接到当事人提交的民事起诉状时，对符合民事诉讼法相关规定，应当登记立案"，然而从应试的角度而言可考性不强，在我看来，现有的立案登记制与原有立案审查制没有多大异同。考生只需记住现在变成了立案登记制即可。

命题点二：受理案件时特殊情形的处理

1. 一事不再理。

（1）一般原则：已经法院实体处理过的同一案件（相同当事人就同一争议基于相同事实、相同目的），当事人又起诉的，法院不予受理。

【点睛之笔】《民事诉讼法解释》第247条第1款规定："当事人就已经提起诉讼的事项在诉讼过程中或者裁判生效后再次起诉，同时符合下列条件的，构成重复起诉：①后诉与前诉的当事人相同；②后诉与前诉的诉讼标的相同；③后诉与前诉的诉讼请求相同，或者后诉的诉讼请求实质上否定前诉裁判结果。"

（2）不属于一事不再理的情形：

①对于裁定不予受理、驳回起诉的案件，原告再次起诉，符合起诉条件的应予受理。之所以这样规定，是因为裁定处理的是程序问题，程序问题可以再来。

②人民法院准许撤诉的案件再次起诉的，人民法院应当受理。

【点睛之笔】在民事诉讼中，撤回起诉后一般仍可自由起诉，但也存在三个例外：如原告撤诉或者按撤诉处理的离婚案件，没有新情况、新理由，6个月内又起诉的，可不予受理。同时，根据《民事诉讼法解释》的规定，原审原告在第二审程序中撤回起诉后重复起诉的，人民法院不予受理；一审原告在再审审理程序中撤回起诉后重复起诉的，人民法院不予受理。在我们民事诉讼中，撤回上诉，则不可以再上诉。

（3）一事不再理的例外：

①对于离婚案件，判决不准离婚或调解和好的，被告不受一事不再理的限制。

【点睛之笔】判决不准离婚、调解和好的离婚案件以及判决、调解维持收养关系的案件，没有新情况、新理由，原告在6个月内又起诉的，不予受理。

②赡养费、扶养费、抚养费案件，裁判发生法律效力后，因新情况、新理由，一方当事人再行起诉要求增加或减少费用的，人民法院应作为新案受理。

《民事诉讼法解释》第248条　裁判发生法律效力后，发生新的事实，当事人再次提起诉讼的，人民法院应当依法受理。

2. 离婚、收养案的特殊规定。

①女方在怀孕期间、分娩后1年内或中止妊娠后6个月内，男方不得提出离婚。女方提出离婚的，或人民法院认为确有必要受理男方离婚请求的，人民法院应当受理。

【点睛之笔】何为这里规定"确有必要"呢。我举个例子，如妻子生了孩子之后丈夫发现孩子不是自己的，那么显然不能替他人"无因管理"，否则他人就构成"不当得利"。

②判决不准离婚、调解和好的离婚案件以及判决、调解维持收养关系的案件，没有新情况、新理由，原告在6个月内又起诉的，不予受理。

③原告撤诉或者按撤诉处理的离婚案件，没有新情况、新理由，6个月内又起诉的，可不予受理。（此为撤回起诉后仍可自由起诉的例外规定）

3. 诉讼时效。

诉讼时效是民法中的一项制度，超过诉讼时效并不丧失起诉权。因此法律规定，当事人超过诉讼时效期间起诉的，人民法院应予受理。如果对方当事人提出诉讼时效抗辩，人民法院经审理认为抗辩事由成立的，判决驳回其诉讼请求。

【点睛之笔】针对诉讼时效问题，法院在这里是一种实体处理，采用的是判决驳回其诉讼请求，而非裁定驳回起诉。因此，当法院判决驳回原告诉讼请求之后，原告以同一事实、理由再次起诉的，法院不予受理。

【预测试题】关于起诉与受理的表述，下列哪些选项是正确的？[1]

A. 法院裁定驳回起诉的，原告再次起诉符合条件的，法院应当受理

B. 法院按撤诉处理后，当事人以同一诉讼请求再次起诉的，法院应当受理

C. 判决不准离婚的案件，当事人没有新事实和新理由再次起诉的，法院一律不予受理

D. 当事人超过诉讼时效起诉的，法院应当受理

命题点三：程序分流

所谓程序分流，是指法院在答辩期届满后，在开庭前的准备程序中，应当按照案件的不同

----

[1]　答案：ABD。C项判决不准离婚的案件，没有新情况、新理由，原告在6个月内又起诉的，不予受理；这里限制的是原告，而不限制被告，而且前提是没有新情况、新理由，如果有新情况、新理由，明显不受此限制。

情况，分别予以处理：

1. 当事人没有争议，符合督促程序规定条件的，可以转入督促程序。对于当事人没有实质性争议的案件，如果符合督促程序规定的条件的，可以将案件转为督促程序。督促程序为非诉程序，其审理程序简便、迅速，可以及时实现当事人的权利主张。

2. 开庭前可以调解的，采取调解方式及时解决纠纷。对于适宜调解的案件，开庭前人民法院可以主持调解，及时解决纠纷，这也呼应了先行调解原则之要求。

3. 根据案件情况，确定适用简易程序或者普通程序。受诉法院为基层人民法院时，对于第一审案件的审理存在选择适用普通程序和简易程序的问题。对于简单民事案件或当事人协议适用简易程序的案件，人民法院可以决定适用简易程序审理，其他案件适用普通程序审理。

【陷阱提示】如果某一法院能够决定适用普通程序或简易程序，这暗示我们此法院一定是基层法院，因为简易程序发生在基层。

4. 需要开庭审理的，通过要求当事人交换证据等方式，明确争议焦点。明确了案件的争议焦点，从而在审判中更具有针对性，大大提高了诉讼效率，也更有利于查明案件事实。

考点 24：简易程序 ★★★★

命题点一：适用范围

1. 适用法院：基层人民法院和它的派出法庭。中级及以上级别的人民法院（海事法院除外，这是《海事诉讼特别程序法》的特殊规定）不得适用简易程序。

2. 适用审级：第一审。这里的第一审是指因起诉而开始的初始一审，如果是按照一审程序的再审或二审法院发回重审的一审则不可适用简易程序。

3. 适用前提：事实清楚、权利义务关系明确、争议不大的简单民事案件。

4. 消极适用范围：下列案件不得适用简易程序。

（1）起诉时被告下落不明的；

【陷阱提示】起诉时被告下落不明说明被告不能提交书面答辩状，我们就不能说该案件满足事实清楚、权利义务关系明确这一前提，简易程序审理中被告离家出走等不影响简易程序的适用。

（2）发回重审和按照审判监督程序再审的；

【陷阱提示】二审法院发回一审法院进行的重审或按照一审程序进行的再审只能适用一审普通程序。

（3）共同诉讼中一方或者双方当事人人数众多的；

【陷阱提示】这里并不等于说共同诉讼不能适用简易程序，实际上这里说的是代表人诉讼。

（4）法律规定应当适用特别程序、督促程序、公示催告程序和企业法人破产还债程序的；之所以这样规定，是因为简易程序是争议案件的审理程序，非争议案件不能适用。

（5）涉及国家利益、社会公共利益的；

（6）第三人起诉请求改变或者撤销生效判决、裁定、调解书的。

【点睛之笔】我们在第三人撤销之诉中已经讲过其应当适用一审普通程序审理。

5. 简易程序的约定适用。

《民事诉讼法》第 160 条第 2 款 基层人民法院和它派出的法庭审理前款规定以外的民事案件，当事人双方也可以约定适用简易程序。

【陷阱提示】当事人双方约定适用简易程序的，应当在开庭前提出。已经按照普通程序审理的案件，在开庭后不得转为简易程序审理。同时，此种约定适用可以口头提出，记入笔录，由双方当事人签名或者捺印确认。不仅如此，此种协议选择应当由人民法院最终审查决定，因为程序的决定权在法院。

命题点二：简易程序的特点（简易之处）

1. 起诉方式简便：明确规定可以口头起诉。

2. 受理程序简便：可以当即受案审理，也可以另定日期审理。

3. 传唤方式简便：可以简便方式传唤、通知当事人、证人，不要求必须采用传票、通知书形式；传唤的时间，不受在开庭前 3 日的时间限制。

【陷阱提示】简易程序中可用简便的方式送达诉讼文书，但以捎口信、电话、传真、电子邮件等形式发送的开庭通知，未经当事人确认或者没有其他证据足以证明当事人已经收到的，人民法院不得将其作为按撤诉处理和缺席判决的依据。

4. 委托代理人简便：《民事诉讼法解释》第 89 条第 2 款规定："适用简易程序审理的案件，双方当事人同时到庭并径行开庭审理的，可以当场口头委托诉讼代理人，由人民法院记入笔录。"

5. 审判组织简便：审判员一人独任审理，但开庭时应当由书记员记录，不可自审自记。

6. 开庭方式简便：当事人双方可就开庭方式向人民法院提出申请，由人民法院决定是否准许。经当事人双方同意，可以采用视听传输技术等方式开庭。

【点睛之笔】简易程序作为一审程序，必须开庭。但其开庭的方式可以多元化、科技化。

7. 庭审程序简便：不必严格按照普通程序进行法庭调查、辩论等。

【点睛之笔】适用简易程序审理案件，开庭次数一般一次。宣判原则上应当当庭宣判。

8. 审限短：人民法院适用简易程序审理案件，原则上应当在立案之日起 3 个月内审结，有特殊情况需要延长的，经本院院长批准，可以延长 1 个月。延长后的审理期限累计不得超过 4 个月。

【陷阱提示】考生必须明确，根据司法解释之规定，简易程序的 3 个月审限也可以延长了。

9. 举证期限较短：适用简易程序案件的举证期限由人民法院确定，也可以由当事人协商一致并经人民法院准许，但不得超过 15 日。

【点睛之笔】人民法院确定举证期限，第一审普通程序案件不得少于 15 日；小额诉讼案件的举证期限一般不超过 7 日。

10. 文书也可简化。

有下列情形之一的，人民法院在制作裁判文书时对认定事实或判决理由部分可以适当简化：

（1）当事人达成调解协议并需要制作民事调解书的；

（2）一方当事人在诉讼过程中明确表示承认对方全部或者部分诉讼请求的；

（3）当事人对案件事实没有争议或者争议不大的；

（4）涉及个人隐私或者商业秘密的案件，当事人一方要求简化裁判文书中的相关内容，人民法院认为理由正当的；

（5）当事人双方一致同意简化裁判文书的。

【点睛之笔】调解结案的＋承认的＋无争议、争议不大的＋关涉私密的＋一致同意的。

【陷阱提示】对于事实认定和判决理由的简化不等于不写，因为文书说理制度要求裁判文书必须有结果和理由。

【预测试题】1. 郑飞诉万雷侵权纠纷一案，虽不属于事实清楚、权利义务关系明确、争议不大的案件，但双方当事人约定适用简易程序进行审理，法院同意并以电子邮件的方式向双方当事人通知了开庭时间（双方当事人均未回复）。开庭时被告万雷无正当理由不到庭，法院作出了缺席判决。送达判决书时法院通过各种方式均未联系上万雷，遂采取了公告送达方式送达了判决书。对此，法院下列的哪些行为是违法的？[1]

A. 同意双方当事人的约定，适用简易程序对案件进行审理

B. 以电子邮件的方式向双方当事人通知开庭时间

C. 作出缺席判决

D. 采取公告方式送达判决书

2. 关于简易程序的特征及相关制度，下列说法正确的是：[2]

A. 法院适用简易程序审理案件，在审理过程中发现不宜适用简易程序的，可以主动转为普通程序

B. 当事人双方约定适用简易程序的，必须以书面的形式向法院提出

C. 法院适用简易程序审理案件，在规定期限内不能审结的，可以延长审理期限

D. 法院适用普通程序审理案件，在开庭后，一律不得转为简易程序

3. 2014 年 5 月 5 日，四川广元市朝天区人民法院城区法庭按照简易程序审理何冰冰诉梅晓丽借款纠纷一案，朝天区法院城区法庭在审理本案时，下列哪些做法不符合民事诉讼法的规定？[3]

A. 在何冰冰向朝天区法院城区法庭起诉时，由于作为债务人的梅晓丽下落不明，法院按照普通程序审理此案，在第二次开庭时梅晓丽出现，法院遂按照简易程序审理本案

B. 朝天区法院城区法庭按照简易程序审理本案时，没有遵守法庭调查和法庭辩论的顺序

C. 由于本案标的额不大，案情简单，朝天区法院城区法庭按简易程序审理本案时，由法官钱聪一人独任审理，边审边记

D. 朝天区人民法院城区法庭制作判决书时，没有加盖朝天区人民法院印章，只加盖了朝天区人民法院城区法庭的印章

命题点三：小额诉讼程序

1. 法律规定。《民事诉讼法》第 165 条第 1 款规定："基层人民法院和它派出的法庭审理事实清楚、权利义务关系明确、争议不大的简单金钱给付案件，标的额为各省、自治区、直辖市上年度就业人员年平均工资百分之五十以下的，实行一审终审。"

【点睛之笔】小额诉讼案件一审终审，因此小额诉讼的裁判不能上诉但可以再审。司法解

---

[1] 答案：CD。C 项由于双方当事人均未回复，没有确认收到，因此不能缺席判决；D 项简易程序不适用公告送达。

[2] 答案：ACD。简易程序的约定适用必须在开庭前提出，但是可以口头提出。

[3] 答案：ACD。已经按照普通程序审理的案件，在开庭后不得转为简易程序审理，A 错误。简易程序的庭审程序简便，不必严格按照普通程序进行法庭调查、法庭辩论，B 正确。简易程序由审判员一人独任审理，但开庭时应当由书记员记录，审判员不可自审自记，C 错误。派出法庭适用简易程序审理的案件应当加盖基层法院印章，D 错误。

释将小额诉讼裁判的再审分成两类情形：（1）对小额诉讼案件的判决、裁定，当事人以《民事诉讼法》第207条规定的事由向原审人民法院申请再审的，人民法院应当受理。申请再审事由成立的，应当裁定再审，组成合议庭进行审理。作出的再审判决、裁定，当事人不得上诉。（2）当事人以不应按小额诉讼案件审理为由向原审人民法院申请再审的，人民法院应当受理。理由成立的，应当裁定再审，组成合议庭审理。作出的再审判决、裁定，当事人可以上诉。

【陷阱提示】：对于小额诉讼的再审裁判能否上诉，其关键在于申请再审的理由；同时，考生应当注意此项特殊规定，即对小额诉讼案件的判决、裁定，当事人应当向原审人民法院申请再审。

2. 小额诉讼程序的约定适用：基层人民法院和它派出的法庭审理前款规定的民事案件，标的额超过各省、自治区、直辖市上年度就业人员年平均工资百分之五十但在二倍以下的，当事人双方也可以约定适用小额诉讼的程序。

3. 消极适用范围。

下列案件，不适用小额诉讼程序审理：

（1）人身关系、财产确权案件；

（2）涉外纠纷；

（3）需要评估、鉴定或者对诉前评估、鉴定结果有异议的案件；

（4）一方当事人下落不明的案件；

（5）当事人提出反诉的案件；

（6）其他不宜适用小额诉讼程序审理的案件。

根据该规定，符合条件的知识产权纠纷也可以适用小额诉讼程序进行审理了。

【陷阱提示】《海事诉讼特别程序法》第98条规定，海事法院可以适用简易程序。因此，海事法院可以适用小额诉讼程序审理简单的海事、海商案件。

【点睛之笔】因为小额诉讼程序除特别规定外，都应当适用简易程序的规定，故不能适用简易程序审理的案件，同样不得适用小额诉讼程序审理。

4. 特殊规定。

（1）法院的告知义务：人民法院适用小额诉讼程序审理案件，应当向当事人告知该类案件审理的审判组织、一审终审、审理期限、诉讼费用交纳标准等相关事项。

（2）举证期限：小额诉讼案件的举证期限由人民法院确定，也可以由当事人协商一致并经人民法院准许，但一般不超过7日。

（3）答辩期限：被告要求书面答辩的，人民法院可以在征得其同意的基础上合理确定答辩期间，但最长不得超过15日。

【陷阱提示】当事人到庭后表示不需要举证期限和答辩期间的，人民法院可立即开庭审理。

（4）审理期限：人民法院适用小额诉讼的程序审理案件，应当在立案之日起2个月内审结。有特殊情况需要延长的，经本院院长批准，可以延长1个月。

（5）当事人对小额诉讼案件提出管辖异议的，人民法院应当作出裁定。裁定一经作出即生效。人民法院受理小额诉讼案件后，发现起诉不符合起诉条件的，裁定驳回起诉。裁定一经作出即生效。

（6）程序异议。当事人对按照小额诉讼案件审理有异议的，可以在开庭前向人民法院提出异议。人民法院对当事人提出的异议应当审查，异议成立的，应当适用简易程序的其他规定审理或者裁定转为普通程序；异议不成立的，裁定驳回。裁定以口头方式作出的，应当记入笔录。同时，人民法院在审理过程中，发现案件不宜适用小额诉讼的程序的，应当适用简易程序的其他规定审理或者裁定转为普通程序。

（7）裁判文书的简化：小额诉讼案件的裁判文书可以简化，主要记载当事人基本信息、诉讼请求、裁判主文等内容。

（8）小额诉讼程序是在简易程序一章中作出的规定，表明小额诉讼程序除特别规定外，都应当适用简易程序的规定。

【预测试题】甲诉乙返还借款 1000 元，法院决定适用小额诉讼程序审理，一审审理结束，作出判决。关于该案的审理，下列选项错误的是？[1]

A. 双方在 15 天的上诉期内，都可以上诉

B. 本案一审终审，不能上诉

C. 如判决生效后，乙以新的证据为由申请再审，再审审理后当事人可以上诉

D. 如判决生效后，乙以不应按小额诉讼程序审理为由申请再审，再审审理后，当事人可以上诉

考点 25：第二审程序 ★★★

命题点一：上诉人的列明

1. 提起上诉的人即为上诉人，对方如果没有提起上诉，那么就是被上诉人，针对的是简单的一对一型民事案件。

【陷阱提示】提起上诉的人即为上诉人，这里的基本前提是其具有上诉权。例如，无独立请求权的第三人只有被判令承担责任时才有权上诉；委托诉讼代理人必须经过特别授权才可以上诉，以呼应代理的阶段性特征。

2. 双方当事人和第三人都提出上诉的，均为上诉人，此时没有被上诉人。

3. 必要共同诉讼中上诉人与被上诉人的确定。

【点睛之笔】必要共同诉讼中上诉人与被上诉人的确定，采取对应法则，即将一审裁判的内容和上诉人的上诉请求对应起来进行比较，看一看"如果上诉请求成立，谁会有损失，谁有损失，谁就是被上诉人"。例如，甲在某报发表纪实报道，对明星乙和丙的关系作了富有想象力的描述。乙和丙以甲及报社共同侵害了他们的名誉权为由提起诉讼，要求甲及报社赔偿精神损失并公开赔礼道歉。一审判决甲向乙和丙赔偿 1 万元，报社赔偿 3 万元，并责令甲及报社在该报上书面道歉。报社提起上诉，请求二审法院改判甲和自己各承担 2 万元，以甲的名义在该报上书面道歉。此题根据对应法则，则结论是报社是上诉人，甲、乙、丙是被上诉人。

命题点二：二审的调解

1. 调解不成的，发回重审。

（1）一审中已经提出的诉讼请求，原审人民法院未作审理、判决的，调解不成的，发回

---

[1]　答案：AC。小额诉讼的裁判能否再审，取决于当事人申请再审的理由。当事人以《民事诉讼法》第 207 条规定的事由（13 个事由）向原审人民法院申请再审的，作出的再审判决、裁定，当事人不得上诉；当事人以不应按小额诉讼案件审理为由向原审人民法院申请再审的，作出的再审判决、裁定，当事人可以上诉。

重审——漏事。

（2）必须参加诉讼的当事人或者有独立请求权的第三人在一审中未参加诉讼，调解不成的，发回重审——漏人。（发回重审的裁定书不列应当追加的当事人）

（3）一审判决不准离婚的案件，上诉后，第二审人民法院认为应当判决离婚的，可以根据当事人自愿的原则，与子女抚养、财产问题一并调解，调解不成的，发回重审。

【陷阱提示】在情形3中，若双方当事人同意由第二审人民法院一并审理的，第二审人民法院可一并裁判。

2. 调解不成的，告知当事人另行起诉。

（1）在第二审程序中，原审原告增加独立的诉讼请求，就新增加的诉讼请求进行调解，调解不成的，告知当事人另行起诉。

（2）在第二审程序中，原审被告提出反诉的，就反诉进行调解，调解不成的，告知当事人另行起诉。

【陷阱提示】在上述两种情形下，若双方当事人同意由第二审人民法院一并审理的，第二审人民法院可以一并裁判。

【点睛之笔】第二审人民法院调解成功的案件必须制作调解书，调解书送达签收后，原审人民法院的判决视为撤销。因此，即使是二审的调解变更了一审裁判的内容，也无须写明撤销字样。

命题点三：二审中的和解

二审中，当事人可以和解。当事人在二审中达成和解协议的，有两种选择：

1. 请求人民法院对双方达成的和解协议进行审查并制作调解书。

2. 申请撤诉，经审查符合撤诉条件的，人民法院应予准许。

【陷阱提示】一审中和解而撤诉一定是撤回起诉，这没有任何异议，而二审中的和解而撤诉究竟是撤回上诉还是撤回起诉呢？很多老师有着不同的意见。我认为这里的撤诉，可以是撤回起诉，也可以是撤回上诉，因为这些年的考题在这个问题上都考查过，所以你只需要看清考题，出题人在题目中会明确告诉你撤回的是起诉还是上诉。两种撤诉的后果截然不同，撤回起诉，相当于没有起诉，没有生效裁判；而撤回上诉，不能再上诉，一审裁判发生效力。

命题点四：对一审判决提起上诉案件的处理

1. 维持原判：原判决认定事实清楚，适用法律正确的，判决驳回上诉，维持原判决。

【陷阱提示】民诉讲究对仗的工整，因此这里是判决对判决。

2. 依法改判。

（1）应当改判：原判决认定事实错误或适用法律错误的。

（2）可以改判：认定基本事实不清的，可以裁定撤销原判决发回原审人民法院重审，二审人民法院也可以查清事实后改判。

3. 发回重审。

（1）可以发回：认定基本事实不清的，二审法院可以裁定撤销原判决，发回原审人民法院重审。

（2）应当发回：原判决严重违反法定程序的，应当裁定撤销原判，发回重审。具体包括以下几种情形：

①审理本案的审判人员、书记员应当回避而未回避的；

②应当公开审判未进行公开审判的；

③未经开庭审理而作出判决的；

④审判组织的组成不合法的；

⑤适用普通程序审理的案件当事人未经传票传唤而缺席判决的；

⑥无诉讼行为能力人未经法定代理人代为诉讼的；

⑦剥夺当事人法定的诉讼权利，严重影响公正审判的。

【陷阱提示】《民事诉讼法》第177条第2款对发回次数进行了限制：原审人民法院对发回重审的案件作出判决后，当事人提起上诉的，第二审人民法院不得再次发回重审，而只能作相应的处理（比如改判、维持），即发回重审的次数只能是一次。

【预测试题】1. 关于民事诉讼二审程序的表述，下列哪些选项是正确的？[1]

A. 二审既可能因为当事人上诉而发生，也可能因为检察院的抗诉而发生

B. 二审既是事实审，又是法律审

C. 二审调解书应写明撤销原判

D. 二审原则上应开庭审理，特殊情况下可不开庭审理

2. 关于民事诉讼二审程序的表述，下列选项错误的是？[2]

A. 二审案件的审理，遇有二审程序没有规定的情形，应当适用一审普通程序的相关规定

B. 二审案件的审理，以开庭审理为原则

C. 二审案件调解的结果变更了一审判决内容的，应当在调解书中写明"撤销原判"

D. 二审案件的审理，应当由法官组成的合议庭进行审理

3. 二审法院根据当事人上诉和案件审理情况，对上诉案件作出相应裁判。下列哪些选项是正确的？[3]

A. 二审法院认为原判对上诉请求的有关事实认定清楚、适用法律正确，判决驳回上诉，维持原判

B. 二审法院认为原判对上诉请求的有关事实认定清楚，但适用法律有错误，裁定发回重审

C. 二审法院认为一审判决是在案件未经开庭审理而作出的，裁定撤销原判，发回重审

D. 原审原告增加独立的诉讼请求，二审法院合并审理，一并作出判决

4. 四川泸州叙永县法院一审判决了胡永志诉任怀奇悬赏广告纠纷一案，胡永志不服叙永县法院的一审判决，依法向泸州市中级人民法院提出上诉，就胡永志的上诉，下列表述不正确的是？[4]

A. 虽然胡永志多次口头表示要上诉，但在法定期间内没有提交上诉状，则视为胡永志没有提出上诉

B. 胡永志的上诉状应当直接向泸州市中级法院提出，并按照对方当事人或者代表人的人数提出副本

---

〔1〕答案：BD。二审程序只能因当事人上诉而启动，故A项错误。C选项二审调解成功必须制作调解书，调解书送达签收后，一审的裁判视为自动撤销，所以调解书中无需写明撤销字样。

〔2〕答案：CD。注意：二审以开庭审理为原则，故B项正确；二审中合议庭中不包含人民陪审员，但例外情形可以由审判员独任审理。

〔3〕答案：AC。B项应当改判；D项二审法院应当在征得双方同意的前提下才可合并审理，一并作出判决。

〔4〕答案：B。上诉状可以通过原人民法院提出，也可以直接向第二审人民法院提出，B错误。民诉中的上诉权一次用尽，只要上诉人撤回了上诉便不可再上诉，无论是在上诉期内还是上诉期满，D正确。

C. 在泸州市中级人民法院判决宣告前，胡永志有权申请撤回上诉，是否准许由法院裁定

D. 二审法院受理上诉后，若胡永志撤回上诉后则不得重新提起上诉

考点 26：审判监督程序 ★★★★★

命题点一：适用于再审的文书

原则上生效判决都可以适用再审程序。但是：

1. 特别程序及其他非讼程序的案件的判决不适用于再审程序。

2. 依照审判监督程序审理后维持原判的案件，当事人不得申请再审——有限再审。

《民事诉讼法解释》第 382 条第 1 款　当事人申请再审，有下列情形之一的，人民法院不予受理：

（一）再审申请被驳回后再次提出申请的；

（二）对再审判决、裁定提出申请的；

（三）在人民检察院对当事人的申请作出不予提出再审检察建议或者抗诉决定后又提出申请的。

【点睛之笔】我们把这个法条称之为"有限再审"，为了解决再审启动时，当事人多头申请、重复申请导致司法资源浪费的问题，法律规定在再审申请被驳回后或者再审审理后维持原判的案件等几种情形下，当事人不得再次向法院申请再审。但是，对于上述情形，若当事人坚持认为再审判决、裁定有明显错误的，则可以向检察院申请检察建议或抗诉。因此可以说，我国的有限再审实际上是"一次法院＋一次检察院"的模式，这样规定是希望通过对当事人向检察机关申请检察监督进行适当规制，形成再审启动机制上"法院纠错先行，检察监督断后"的局面，鼓励当事人在穷尽法院系统内的救济渠道后，再启动检察监督机制，从而适度限制再审的启动，确保司法的终局性。

《民事诉讼法》第 216 条第 1 款　有下列情形之一的，当事人可以向人民检察院申请检察建议或者抗诉：

（一）人民法院驳回再审申请的；

（二）人民法院逾期未对再审申请作出裁定的；

（三）再审判决、裁定有明显错误的。

3. 对已经发生法律效力的解除婚姻关系的判决、调解书，不得申请再审。

【陷阱提示】当事人就离婚案件中的财产分割问题申请再审的，则分情况对待：

1. 如涉及判决中已分割的财产，人民法院应当依法进行审查，符合再审条件的，应立案审理；

2. 如涉及判决中未作处理的夫妻共同财产，应当告知当事人另行起诉。

命题点二：人民法院启动再审

1. 本院。各级人民法院院长对本院已经发生法律效力的判决、裁定、调解书，发现确有错误，认为需要再审的，应当提交审判委员会讨论决定。（院长＋审委会）

【陷阱提示】院长不是作出再审决定的主体，最终的决定主体是本院的审委会，因此我把这种模式称之为"院长＋审委会"的模式；同时，"院长＋审委会"的模式只适用于本院作出

的生效文书。

2. 上级法院。最高人民法院对地方各级人民法院已经发生法律效力的判决、裁定、调解书，上级人民法院（不是上一级）对下级人民法院已经发生法律效力的判决、裁定、调解书，发现确有错误的，有权提审或者指令下级人民法院再审（司法解释删除了指令下级法院再审的规定）。（上级＋最高院）

《最高人民法院关于民事审判监督程序严格依法适用指令再审和发回重审若干问题的规定》第2条第3款 人民法院依据民事诉讼法第二百零五条第二款裁定再审的，应当提审。

【点睛之笔】即上级法院和最高人民法院依职权裁定再审的案件一律提审。即上级和最高法院依职权裁定再审的案件一律提审，不存在指令下级法院再审的空间了。

【预测试题】甲省乙市某基层法院对某借款纠纷作出一审判决，当事人没有上诉，判决生效后，法院认为该判决有错误，欲依职权启动再审，下列说法正确的是？[1]

A. 乙市中院可以对该案启动再审

B. 甲省高院可以对该案启动再审

C. 该基层法院的院长也可以自行对此案启动再审

D. 若上级法院启动再审，则可以选择提审或指令下级法院再审

命题点三：检察院启动的再审

1. 抗诉的主体：（1）最高人民检察院（对各级法院）；（2）上级人民检察院（对下级法院）

【点睛之笔】检察院再审抗诉只能上抗下，最高检除外。抗诉的方式和途径可以简单总结为一句话"上抗下，文书同级送"，当然上抗下有一个例外，即最高检抗最高法。怎么理解这句话呢？我举个例子：某中级人民法院作出生效裁判，其同级的某市检察院无权提出抗诉，只能提请省检察院进行抗诉。省人民检察院作为市中院的上级检察院，认为该案确有错误，有权提起抗诉，此所谓上抗下；同时，省检察院的抗诉书应当向省高院送出，此所谓文书同级送。《民事诉讼法》第215条第2、3款规定："地方各级人民检察院对同级人民法院已经发生法律效力的判决、裁定，发现有本法第二百零七条规定情形之一的，或发现调解书损害国家利益、社会公共利益的，可以向同级人民法院提出检察建议，并报上级人民检察院备案；也可以提请上级人民检察院向同级人民法院提出抗诉。

各级人民检察院对审判监督程序以外的其他审判程序中审判人员的违法行为，有权向同级人民法院提出检察建议。"

【关联考点】检察建议：人民法院收到再审检察建议后，应当组成合议庭，在3个月内进行审查，发现原判决、裁定、调解书确有错误，需要再审的，依照民事诉讼法的规定裁定再审，并通知当事人；经审查，决定不予再审的，应当书面回复人民检察院。

【点睛之笔】

（1）检察建议并不必然引起再审，法院要进行审查；

（2）检察建议应当经检委会讨论决定后方能向人民法院提交。

2. 抗诉的对象。人民法院作出的已经发生法律效力的确有错误的判决、裁定，对调解书

---

〔1〕 答案：AB。院长认为本院的生效裁判有错的，没有再审决定权，而是应当提交给审委会讨论决定，C错误。若上级法院职权启动再审，则只能提审，而不能指令下级法院再审，这是2015年《最高院关于审判监督程序严格依法适用指令再审和发回重审若干问题的规定》第2条第3款的明确规定，D错误。

原则上不能抗诉（有限抗诉）。

3. 抗诉的事由。

（1）有新的证据，足以推翻原判决、裁定的；

（2）原判决、裁定认定的基本事实缺乏证据证明的；

（3）原判决、裁定认定事实的主要证据是伪造的；

（4）原判决、裁定认定事实的主要证据未经质证的；

（5）对审理案件需要的主要证据，当事人因客观原因不能自行收集，书面申请人民法院调查收集，人民法院未调查收集的；

（6）原判决、裁定适用法律确有错误的；

（7）审判组织的组成不合法或者依法应当回避的审判人员没有回避的；

（8）无诉讼行为能力人未经法定代理人代为诉讼或者应当参加诉讼的当事人，因不能归责于本人或者其诉讼代理人的事由，未参加诉讼的；

（9）违反法律规定，剥夺当事人辩论权利的；

（10）未经传票传唤，缺席判决的；

（11）原判决、裁定遗漏或者超出诉讼请求的；

（12）据以作出原判决、裁定的法律文书被撤销或者变更的；

（13）审判人员审理该案件时有贪污受贿，徇私舞弊，枉法裁判行为的。

【点睛之笔】在检察院启动的再审程序中，考生需要特别注意这里的前五项事由，即"证据层面"事由。

4. 启动的效果。接受抗诉的人民法院应当自收到抗诉书之日起 30 日内作出再审的裁定。

《民事诉讼法》第 217 条　人民检察院因履行法律监督职责提出检察建议或抗诉的需要，可以向当事人或案外人调查核实有关情况。

5. 审理的法院。

（1）接受抗诉的人民法院应当自收到抗诉书之日起三十日内作出再审的裁定；

（2）有《民事诉讼法》第 207 条第 1 款第（1）项至第（5）项规定情形之一的（证据层面），可以交下一级人民法院再审，但经该下一级人民法院再审的除外。（此一除外放在当事人申请再审中讲解记忆）

【点睛之笔】我们通过一个图表将检察院的再审抗诉予以理清。

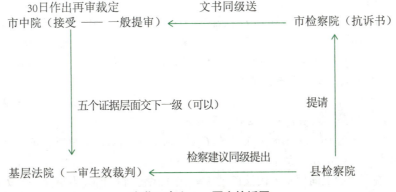

审监五表之一：再审抗诉图

命题点四：当事人申请再审

1. 申请主体。原审中的原告、被告、有独立请求权的第三人和判决其承担义务的无独立请求权的第三人以及上诉人和被上诉人。

【点睛之笔】司法解释纳入了案外人申请再审的情形，同时《民事诉讼法解释》增加了关于遗漏的必要共同诉讼人申请再审的规定。

【陷阱提示】当事人死亡或者终止的，其权利义务承继者可以申请再审。但判决、调解书生效后，当事人将判决、调解书确认的债权转让，债权受让人对该判决、调解书不服申请再审的，人民法院不予受理。之所以这样规定，其原因在于债权受让人并非原审当事人。

2. 申请对象：

（1）已经发生法律效力的判决、裁定；（注意不能申请再审的例外情形）

（2）已经发生法律效力的调解书。

3. 申请事由：

（1）对于判决、裁定（事由与检察院抗诉事由相同——民事诉讼法第207条之13个事由）。

《民事诉讼法》第207条 当事人的申请符合下列情形之一的，人民法院应当再审：（一）有新的证据，足以推翻原判决、裁定的；（二）原判决、裁定认定的基本事实缺乏证据证明的；（三）原判决、裁定认定事实的主要证据是伪造的；（四）原判决、裁定认定事实的主要证据未经质证的；（五）对审理案件需要的主要证据，当事人因客观原因不能自行收集，书面申请人民法院调查收集，人民法院未调查收集的；（六）原判决、裁定适用法律确有错误的；（七）审判组织的组成不合法或者依法应当回避的审判人员没有回避的；（八）无诉讼行为能力人未经法定代理人代为诉讼或者应当参加诉讼的当事人，因不能归责于本人或者其诉讼代理人的事由，未参加诉讼的；（九）违反法律规定，剥夺当事人辩论权利的；（十）未经传票传唤，缺席判决的；（十一）原判决、裁定遗漏或者超出诉讼请求的；（十二）据以作出原判决、裁定的法律文书被撤销或者变更的；（十三）审判人员审理该案件时有贪污受贿，徇私舞弊，枉法裁判行为的。

（2）对于调解书：证明调解违反自愿原则或者调解协议的内容违反法律的，可以申请再审。

4. 申请时间：

（1）应当在判决、裁定、调解书发生法律效力后6个月内提出，即客观标准6个月；

（2）有《民事诉讼法》第207条第1项（新的证据）、第3项（主要证据是伪造的）、第12项（原文书被撤销或变更的）、第13项（有不法行为的）规定情形的，自知道或者应当知道之日起6个月内提出，即主观标准6个月。

【陷阱提示】根据《民事诉讼法解释》第422条第1款规定，被遗漏的必要共同诉讼人因未接到参加诉讼的通知，无法在裁判生效6个月内申请再审，因此应当从其知道或者应当知道之日起6个月内申请再审。这里的6个月为不变期间（不中止、不中断、不延长），自判决、裁定、调解书发生法律效力之次日起计算。

5. 申请法院。原则上向原审人民法院的上一级人民法院申请，当事人一方人数众多或当事人双方为公民的案件，也可向原审人民法院申请再审。

【点睛之笔】当事人一方人数众多或者当事人双方为公民的案件，当事人分别向原审人民法院和上一级人民法院申请再审且不能协商一致的，由原审人民法院受理。

6. 审理法院。

（1）因当事人申请裁定再审的案件由中级人民法院以上的人民法院审理。（一般回不到基层法院）但当事人一方人数众多或当事人双方为公民的案件，当事人选择向原审的基层人民法院申请再审的除外（此时回到基层）。

【点睛之笔】我们把这个法条称为"当事人申请再审回不到基层"，至少由中院进行审理，即后文所说的非例外情形。但是修改后的《民事诉讼法》增加了一个例外，即当事人一方人数众多或当事人双方为公民的案件，当事人可以选择向原审的基层人民法院申请再审，此时就回到了基层，即例外情形。

（2）最高人民法院、高级人民法院裁定再审的案件，由本院再审或者交其他人民法院再审，也可以交原审人民法院再审。

【陷阱提示】这里的原审法院指的是作出生效文书的原法院；这里的其他法院是指与原法院同级的其他法院。

【点睛之笔】现通过三个图表将当事人申请再审的程序理清。

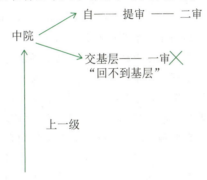

审监五表之二：当事人申请再审三种情形图（非例外情形）第一种
（注：非例外是指不满足一方人数众多或双方为公民的案件）

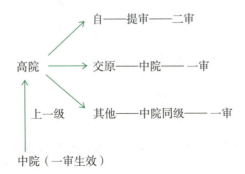

审监五表之三：当事人申请再审三种情形图（非例外情形）第二种

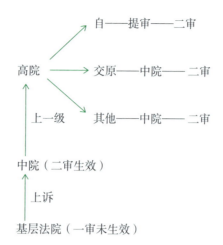

审监五表之四：当事人申请再审三种情形图（非例外情形）第三种

【陷阱提示】在这里，我们来阐述一下检察院抗诉引起再审的审理法院规定中的"但经该下一级人民法院再审的除外"这句话。我用一个例子给大家讲清楚：在当事人一方人数众多或当事人双方为公民的案件中，当事人可以选择向原审的基层法院申请再审，假设该基层法院经过再审维持了原裁判，那么基于有限再审的原则，当事人此时不能再次申请再审了，但如果坚持认为再审的裁判有错误，可以申请检察院抗诉。那么有权对基层法院抗诉的检察院最低应当是市检察院，市检察院的抗诉书送给市中院，市中院接受抗诉后一般是自己提审，五个证据情形可以交给原基层法院，这些我们都讲过了。但是这时候问题来了，因为当事人申请再审的时候，原基层法院已经审理过一次了，所以此时即便存在五个证据情形，中院也不能再交给下一级的基层法院了。这就是我们说的"但经该下一级人民法院再审的除外"。

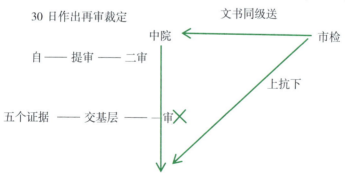

审监五表之五：但经该下一级法院再审的除外

（注：例外是指满足一方人数众多或双方为公民的案件）

【预测试题】公民甲诉公民乙合同纠纷案，南山市S县法院进行了审理并作出驳回甲诉讼请求的判决，甲未提出上诉。判决生效后，甲因收集到新的证据申请再审。下列哪些选项是正确的？[1]

---

[1] 答案：ABCD。本案是双方当事人为公民的案件，符合例外情形，可以回到基层人民法院审理，此时适用一审程序。

A. 甲可以向 S 县法院申请再审

B. 甲可以向南山市中级法院申请再审

C. 若甲向 S 县法院申请再审，则 S 县法院应当适用一审程序再审本案

D. 若甲向南山市中院申请再审，则南山市中院应当适用二审程序再审本案

命题点五：再审的审理

1. 中止原判决的执行：原则上只要人民法院决定再审后，就应当裁定中止原生效法律文书的执行。修改后的《民事诉讼法》增加了例外规定，即追索赡养费、扶养费、抚养费、抚恤金、医疗费用、劳动报酬等案件，可以不中止执行。这就是我们先予执行中讲的"四费一金＋劳动报酬"。

2. 再审审理范围：当事人超出原审范围增加、变更诉讼请求的，不属于再审审理范围。

【陷阱提示】法院调解也是审理的一种方式，既然当事人超出原审范围增加、变更诉讼请求的，不属于再审审理范围，那么当事人在再审审理程序中增加、变更诉讼请求的，再审法院并不进行调解，而是不予审查、不予审理或曰不予干预，满足另诉的条件，可以告知其另行起诉。这一点同二审程序中增加、变更诉求的处理方式不同。

【预测试题】1. 关于再审程序的说法，下列哪些选项是正确的？[1]

A. 在再审中，当事人提出新的诉讼请求的，原则上法院应根据自愿原则进行调解，调解不成的告知另行起诉

B. 在再审中，当事人增加诉讼请求的，原则上法院应根据自愿原则进行调解，调解不成的裁定发回重审

C. 按照第一审程序再审案件时，经法院许可原审原告可撤回起诉

D. 在一定条件下，案外人可申请再审

2. 韩某起诉翔鹭公司要求其依约交付电脑，并支付迟延履行违约金 5 万元。经县市两级法院审理，韩某均胜诉。后翔鹭公司以原审适用法律错误为由申请再审，省高院裁定再审后，韩某变更诉讼请求为解除合同，支付迟延履行违约金 10 万元。再审法院最终维持原判。关于再审程序的表述，下列哪些选项是正确的？[2]

A. 省高院可以亲自提审，提审应当适用二审程序

B. 省高院可以指令原审法院再审，原审法院再审时应当适用二审程序

C. 再审法院对韩某变更后的请求应当不予审查

D. 对于维持原判的再审裁判，韩某认为有错误的，没有其他救济途径可以采取

---

〔1〕 答案：CD。再审当中增加、变更诉讼请求的，法院并不调解，而是直接告知另行起诉，这一点是与二审中增加、变更诉讼请求法院的做法不同的。

〔2〕 答案：ABC。韩某可以向人民检察院申请检察建议或抗诉，故 D 项不正确。

第八单元　非讼程序

考点 27：特别程序 ★★

命题点一：特别程序的特点

特别程序与诉讼程序是两类不同的程序，虽然在诉讼原理上具有一定的共同性，并在一定程度上具有融合的趋势，但法考关注的是特别程序与一般诉讼程序所不同的地方。因此，应当注意把握特别程序的以下特点：

1. 一审终审。特别程序实行一次审理即告终结的制度，特别程序作出的判决，当事人不能上诉。特别程序的判决也不适用审判监督程序，无论是法院、当事人，还是检察院，都不能对特别程序的案件启动再审。除了选民资格案件外，其他特别程序的案件作出判决以后，出现了新情况，可以由原审法院按照特别程序的规定，作出新判决，裁定撤销或者改变原判决、裁定。

2. 一般独任审理。特别程序的审判组织原则上是由审判员独任审理，但在 3 种情形下应当由审判员组成合议庭审理：第一，选民资格案件；第二，特别程序中的重大、疑难案件；第三，担保财产标的额超过基层人民法院管辖范围的担保物权实现案件。

【陷阱提示】 上述 3 种例外情形即便是采用合议庭方式审理，也不能有人民陪审员参加，而必须是审判员组成合议庭。因为人民陪审员不能参加特别程序的审理。

3. 管辖法院。适用特别程序的管辖法院恒定为对象所在地基层人民法院。但 2021 年《民事诉讼法》第 201 条规定：调解协议所涉纠纷应当由中级人民法院管辖的，向相应的中级人民法院提出。即调解协议的司法确认案件也可能由中级人民法院管辖。

4. 审限较短。除选民资格案件必须在选举日前审结外，人民法院适用特别程序审理的案件，应当在立案之日起 30 日内或者公告期满后 30 日内审结，特别程序的审限是可以延长的，但必须经过本院院长批准。

5. 程序目的特殊。特别程序的目的不是解决民事权益冲突，而是确认某种事实或法律关系是否存在。

6. 启动主体特殊。特别程序的启动，有的是基于当事人的起诉，有的是基于当事人提出申请，但起诉人或者申请人不一定与本案有直接利害关系。

命题点二：确认调解协议案件

当事人在诉讼外调解组织的主持下达成的调解协议不具有强制执行力，但是可以向人民法院申请司法确认，经过确认合法有效的诉讼外调解协议具有强制执行力。要求如下：

1. 程序。双方当事人或其代理人自调解协议生效之日起 30 日内，共同向管辖法院提出确认申请。

【陷阱提示】当事人申请司法确认调解协议，可以采用书面形式或者口头形式。当事人口头申请的，人民法院应当记入笔录，并由当事人签名、捺印或者盖章。

2. 管辖：（1）人民法院邀请调解组织开展先行调解的，向作出邀请的人民法院提出；

（2）调解组织自行开展调解的，向当事人住所地、标的物所在地、调解组织所在地的**基层人民法院**提出；调解协议所涉纠纷应当由中级人民法院管辖的，向相应的**中级人民法院**提出。

3. 消极范围：

（1）申请确认婚姻关系、亲子关系、收养关系等身份关系无效、有效或者解除的；

（2）涉及适用其他特别程序、公示催告程序、破产程序审理的；

（3）调解协议内容涉及物权、知识产权确权的案件，人民法院不予受理确认申请。

4. 处理。

（1）经审查——书面审查（不开庭），符合法律规定的，裁定调解协议有效，一方当事人拒绝履行或者未全部履行的，对方当事人可以向人民法院申请执行；

【点睛之笔】人民法院审理确认调解协议案件，由一名审判员独任审理。审判员根据双方当事人提供的证明材料对调解协议的合法性进行审查；人民法院审查相关情况时，应当通知双方当事人共同到场对案件进行核实。人民法院经审查，认为当事人的陈述或者提供的证明材料不充分、不完备或者有疑义的，可以要求当事人限期补充陈述或者补充证明材料。必要时，人民法院可以向调解组织核实有关情况。

（2）不符合法律规定的，裁定驳回申请，当事人可以通过调解方式变更原调解协议或者达成新的调解协议，也可以向人民法院提起诉讼。

【预测试题】甲区A公司将位于丙市价值5000万元的写字楼转让给乙区的B公司。后双方发生争议，经丁区人民调解委员会调解达成协议：B公司在1个月内支付购房款。双方又对该协议申请法院作出了司法确认裁定。关于本案及司法确认的表述，下列哪些选项是不正确的？[1]

A. 应由丙市中级法院管辖

B. 可由乙区法院管辖

C. 应由一名审判员组成合议庭，开庭审理司法确认申请

D. 本案的调解协议和司法确认裁定，均具有既判力

命题点三：实现担保物权案件

1. 主体。担保物权人以及其他有权请求实现担保物权的人。

【点睛之笔】担保物权人为了实现自己的担保物权，可以申请行使担保物权。而出质人、留置权中的债务人或者所有权人等在质权人、留置权人怠于行使担保物权时，也可以要求实现担保物权。

2. 管辖：担保财产所在地或者担保物权登记地基层人民法院。

3. 处理。

---

[1] 答案：ACD。根据2021年《最高人民法院关于调整中级人民法院管辖第一审民事案件标准的通知》第1条和第2条的规定，"当事人住所地均在或者均不在受理法院所处省级行政辖区的，中级人民法院管辖诉讼标的额5亿元以上的第一审民事案件。当事人一方住所地不在受理法院所处省级行政辖区的，中级人民法院管辖诉讼标的额1亿元以上的第一审民事案件。"本题价值5000万元的写字楼不属于中院的级别管辖标准，因此A项错误。乙区法院作为一方当事人B公司的住所地法院，可以管辖调解协议的确认案件，B项正确。

（1）经审查——书面审查，符合法律规定的，裁定拍卖、变卖担保财产，当事人依据该裁定可以向人民法院申请执行；

（2）不符合法律规定的，裁定驳回申请，当事人可以向人民法院提起诉讼。

【点睛之笔】对于该申请，由审判员一人独任审查。担保财产标的额超过基层人民法院管辖范围的，应当组成合议庭进行审查；同时，人民法院审查实现担保物权案件，可以询问申请人、被申请人、利害关系人，必要时可以依职权调查相关事实。

4. 特殊规定。

（1）被担保的债权既有物的担保又有人的担保，当事人对实现担保物权的顺序有约定，实现担保物权的申请违反该约定的，人民法院裁定不予受理；没有约定或者约定不明的，人民法院应当受理。

（2）同一财产上设立多个担保物权，登记在先的担保物权尚未实现的，不影响后顺位的担保物权人向人民法院申请实现担保物权。

考点 28：督促程序（支付令程序）★★★

命题点一：适用支付令程序的条件

1. 债权人请求债务人给付的标的仅限于请求给付金钱或有价证券。

具体包括：请求给付金钱或汇票、本票、支票以及股票、债券、国库券、可转让的存款单等有价证券。

2. 请求给付的金钱或者有价证券已到期且数额确定，并写明了请求所根据的事实、证据。

【陷阱提示】在债权到期之前，即使债务人明确表示将不支付，也不适用督促程序。

3. 债权人没有对等给付义务，即债权人与债务人没有其他债务纠纷。

【点睛之笔】关于这里的对等给付义务，笔者举例说明。例如：我是京东商城的狂热爱好者，但我只为我自己代言，前几天在京东上买了一个手机，但是收到手机后我发现手机有问题，于是迟迟不肯付款，在这种情况下京东是不能申请支付令的，因为京东和我之间有对等给付义务，它负有退货或换货的义务。

4. 支付令能够送达债务人，对不在我国境内和虽在我国境内但下落不明的人不能签发支付令。

【陷阱提示】这里的"能够"是指客观上可以送达。因此支付令不可以公告送达，但可以适用留置送达。

5. 需向有管辖权的法院申请：申请支付令的案件由债务人住所地的基层人民法院管辖。

【陷阱提示】基层人民法院受理债权人依法申请支付令的案件，不受争议金额的限制。同时，两个以上人民法院都有管辖权的，债权人可以向其中一个基层人民法院申请支付令。债权人向两个以上有管辖权的基层人民法院申请支付令的，由最先立案的人民法院管辖。

6. 债权人未向人民法院申请诉前保全。如果债权人已向法院申请诉前保全，说明其本身作出了选择诉讼程序的意愿。

命题点二：支付令的效力

支付令具有两种效力，这两种效力产生的时间是不同的，我把它称为两个效力是分离的。

1. 限期履行债务——督促力。支付令送达给债务人时即产生此督促效力，督促债务人自收到支付令之日 15 日内提出异议或在 15 日内清偿债务。

2. 强制履行债务——执行力。债务人自收到支付令之日起 15 日内，既不提出异议，又不清偿债务的，债权人有权向受诉人民法院申请强制执行，即 15 日满不异议产生此强制执行效力。

命题点三：债务人对支付令的异议

1. 异议的条件。

（1）异议只能由债务人提出。

（2）异议必须在法定期限内（收到支付令之日起 15 日）提出，债务人超过法定期间提出异议的，视为未提出异议。

（3）异议必须以书面方式提出，口头方式提出的异议无效。

（4）异议只能向发出支付令的人民法院提出。

【点睛之笔】债务人收到支付令后，向其他人民法院起诉的，不能视为提出异议；但债务人向发出支付令的法院起诉，则视为有效异议。

（5）异议必须针对债权人的实体权利主张提出，即异议应当针对债权债务关系本身。

【点睛之笔】何为针对债权债务本身的有效异议呢？我举几个例子。

例 1：债务人收到支付令后，提出书面异议表示自己从来没有欠过债权人的钱，因否定了债权债务本身而构成有效异议。

例 2：债务人收到支付令后，提出书面异议表示自己的确欠了债权人的钱，但是还没有到清偿期，因不满足支付令的条件，即已到清偿期而构成有效异议。

例 3：债务人收到支付令后，提出书面异议表示自己已经清偿，因消灭了债权债务本身而构成有效异议。

【陷阱提示】①债务人对债务本身没有异议，只是提出缺乏清偿能力、延缓债务清偿期限、变更债务清偿方式等异议的，不影响支付令的效力。

②债权人基于同一债权债务关系，向债务人提出多项支付请求，债务人仅就其中一项或几项请求提出异议的，不影响其他各项请求的效力。

③债权人基于同一债权债务关系，就可分之债向多个债务人提出支付请求，多个债务人中的一人或几人提出异议的，不影响其他请求的效力。

【预测试题】对民事诉讼法规定的督促程序，下列哪一选项是正确的？[1]

A. 向债务人送达支付令时，债务人拒绝签收的，法院可以留置送达

B. 向债务人送达支付令时法院发现债务人下落不明的，可以公告送达

C. 支付令送达债务人之后，在法律规定的异议期间，支付令不具有法律效力

D. 债务人对支付令提出异议，通常以书面的形式，但书写异议书有困难的，也可以口头提出

2. 异议的效果。

（1）法院需要审查异议是否成立。

【陷阱提示】这里的审查是形式审查，而非实质审查，因此不审查异议理由。一旦当事人

---

[1] 答案：A。根据《民事诉讼法解释》第 429 条，支付令可适用留置送达，而另据该《解释》第 427 条当事人下落不明的不适用督促程序，故 B 项错误。

之间对实体问题有争议，那么不管异议理由是否成立，都应当裁定终结督促程序。

（2）异议成立，裁定终结督促程序，支付令自行失效。

【点睛之笔】

①人民法院作出终结督促程序裁定前，债务人请求撤回异议的，应当准许。债务人对撤回异议反悔的，人民法院不予支持；

②在人民法院发出支付令前，申请人撤回申请的，也应当裁定终结督促程序。

（3）支付令失效的，转入诉讼程序，但申请支付令的一方当事人不同意提起诉讼的除外。

此规定是节约了当事人的诉讼成本，不用再去重新立案。但考虑到有的当事人可能不愿意诉讼，所以以诉讼的权利仍然属于当事人，如果当事人不愿意提起诉讼，那么也不进入诉讼程序。具体而言：

①支付令失效后，申请支付令的一方当事人不同意提起诉讼的，应当自收到终结督促程序裁定之日起7日内向受理申请的人民法院提出。申请支付令的一方当事人不同意提起诉讼的，不影响其向其他有管辖权的人民法院提起诉讼。

②支付令失效后，申请支付令的一方当事人自收到终结督促程序裁定之日起7日内未向受理申请的人民法院表明不同意提起诉讼的，视为向受理申请的人民法院起诉。债权人提出支付令申请的时间，即为向人民法院起诉的时间。

【预测试题】赵某因自建房与华远建筑工程公司签订建筑施工合同，华远公司建设完成后，赵某未能依约支付工程款，华远公司遂向人民法院申请适用督促程序，则下列选项中正确的是？[1]

A. 如果赵某下落不明，则不能适用督促程序

B. 如果人民法院发出支付令后，华远公司又向人民法院起诉，则支付令失效

C. 如果赵某认为工程质量有问题，所以不应支付工程款，则应当在15日内提出异议

D. 如果赵某提出异议，人民法院终结督促程序，则自动转入诉讼程序处理，除非华远公司不愿意起诉

考点 29：公示催告程序 ★★

命题点一：公示催告程序的适用范围

适用申请公示催告程序的事项是有限的：

1. 按照规定可以背书转让的票据，如汇票、本票、支票等。

2. 依照法律规定可以申请公示催告的其他事项。

【陷阱提示】这里的其他事项是不为人知的其他事项。但是考题若说公示催告程序只适用于背书转让的票据就是错误的。

命题点二：公示催告程序的申请、受理、公告和申报权利

1. 公示催告程序的申请。

---

[1] 答案：ABCD。对于下落不明人不能签发支付令；向发出支付令的法院起诉构成有效异议，所以支付令失效。

（1）申请原因：票据被盗、遗失或者灭失。换言之，不知道票据在哪里。

例：张三的票据被李四抢走了，张三是不可以申请公示催告的，因为此时张三知道票据在何处。

（2）申请人：票据持有人，指的是票据被盗、遗失或者灭失前的最后持有人。

【陷阱提示】和票据的最后持有人相对应，还有一个人是票据的现在持有人，也就是法条所指的利害关系人。

（3）申请法院：票据支付地的基层人民法院管辖。

2. 法院的受理和公告。

（1）人民法院决定受理申请的，应当同时通知支付人停止支付。

【点睛之笔】人民法院收到公示催告的申请后，应当立即审查，并决定是否受理。经审查认为符合受理条件的，通知予以受理，并同时通知支付人停止支付；认为不符合受理条件的，7日内裁定驳回申请。

（2）3日内发出公告，催促利害关系人（票据的现在持有人）申报权利。

（3）公示催告的期间，由人民法院根据情况决定，但不得少于60日，且公示催告期间届满日不得早于票据付款日后15日。

3. 利害关系人申报权利。

（1）原则上在公示催告期间申报权利；在作出除权判决之前申报的，法院也应当准许。

（2）利害关系人申报权利，人民法院只进行形式审查，如是否与公示催告的票据相同。

【陷阱提示】利害关系人申报权利，人民法院应当通知其向法院出示票据，并通知公示催告申请人在指定的期间查看该票据。

（3）符合形式条件的申报，人民法院应当裁定终结公示催告程序。

【陷阱提示】这里符合形式条件的申报是指票据是同一张，说明到底是谁的有争议了，公示催告程序作为非诉案件的一种，也不解决争议，所以只能裁定终结公示催告程序。同时，公示催告申请人申请公示催告的票据与利害关系人出示的票据不一致的，应当裁定驳回利害关系人的申报。

命题点三：除权判决

1. 除权判决的作出。除权判决依公示催告申请人的申请作出（需要再一次申请）；应当组成合议庭审理。

2. 条件。

（1）在申报权利的期间没有人申报的，或者申报被驳回；

（2）公示催告申请人应自申报权利期间届满的次日起1个月内申请人民法院作出除权判决。

【陷阱提示】除权判决的作出只能依申请，法院不会依职权作出。

3. 审判组织。

（1）公示催告阶段，由审判员一人独任审理；

（2）判决宣告票据无效阶段（又称为除权判决阶段），应当由审判员组成合议庭审理。

4. 除权判决的效力。

（1）被催告申报权利的票据丧失效力，即原票据作废；

（2）申请人可以依据除权判决，向票据义务人主张权利（请求付款），付款人不得拒绝支付。

5. 救济。利害关系人在除权判决作出后可以向作出判决的人民法院起诉。但注意这里的起诉有两个条件：

（1）因正当理由不能在判决前向人民法院申报权利的；

（2）期间：自知道或者应当知道判决公告之日起 1 年内。

【点睛之笔】公示催告程序中存在两次公告，第一次法院受理后 3 日内发出公告，催促利害关系人申报权利；第二次发出公告是在除权判决作出后，从而便于利害关系人行使救济权。

命题点四：公示催告程序的终结

公示催告程序随申请作出除权判决而正常结束。裁定终结公示催告程序是公示催告程序的非正常结束，需要注意几种情形：

1. 利害关系人在公示催告期间向人民法院申报权利的，经审查符合形式条件的，裁定终结公示催告程序。

2. 利害关系人在申报期届满后，除权判决作出之前申报权利的，经审查符合形式条件的，裁定终结公示催告程序。

3. 公示催告申请人在公示催告期间申请撤回的，裁定终结公示催告程序。

4. 公示催告申请人逾期（申报期满后超过 1 个月）不申请法院作出除权判决的，裁定终结公示催告程序。

【点睛之笔】终结公示催告程序后，公示催告申请人或者申报人向人民法院提起诉讼，因票据权利纠纷提起的，由票据支付地或者被告住所地人民法院管辖；因非票据权利纠纷提起的，由被告住所地人民法院管辖。

【预测试题】万科贸易公司将一张汇票背书转让给宝能公司，万科公司财务人员携汇票前往宝能公司所在地欲将汇票交付给宝能公司，但途中不慎将汇票遗失，公司决定申请公示催告，则下列选项中正确的是？[1]

A. 应由万科公司申请公示催告

B. 法院受理该案后应当通知支付人停止支付，并发出公告

C. 公告期满无人申报权利，法院应当作出除权判决

D. 除权判决作出后，万科公司可以向票据义务人主张权利，付款人不得拒绝支付

---

[1] 答案：ABD。公示催告的申请人为票据的最后持有人，即万科公司。

第九单元　涉外民事诉讼

考点 30：涉外民诉的管辖 ★

命题点一：牵连管辖

在涉外财产案件中，与该案件具有牵连关系的地点的法院即有管辖权，具体而言，需要注意：

1. 适用范围。因合同纠纷或者其他财产权益纠纷，被告为在中华人民共和国领域内没有住所的当事人。

【点睛之笔】如果是对在中华人民共和国领域内没有住所的被告提出的身份之诉呢？我们讲过，那就直接适用被告就原告规则。

2. 适用条件。合同在中华人民共和国领域内签订或者履行，或者诉讼标的物在中华人民共和国领域内，或者被告在中华人民共和国领域内有可供扣押的财产，或者被告在中华人民共和国领域内设有代表机构。

3. 管辖法院确定。案件可以由合同签订地、合同履行地、诉讼标的物所在地、可供扣押财产所在地、侵权行为地或者代表机构住所地人民法院管辖。

命题点二：协议管辖与应诉管辖

【点睛之笔】涉外民事诉讼中的协议管辖与应诉管辖和国内诉讼中的协议管辖及应诉管辖规则相一致。

命题点三：专属管辖

1. 适用范围：因在中华人民共和国履行中外合资经营企业合同、中外合作经营企业合同、中外合作勘探开发自然资源合同发生纠纷提起的诉讼。

2. 专属于中华人民共和国人民法院管辖。

【点睛之笔】如果外国法院对于上述三类合同纠纷管了怎么办？我国的做法就是中国法院不承认，中国法院不执行。

3. 专属管辖并不影响当事人选择仲裁的权利，对于这些案件，当事人仍然可以选择仲裁，而且可以选择外国仲裁机构进行仲裁。

考点 31：涉外民诉的期间与送达 ★

命题点一：涉外民诉的期间

1. 答辩的期间。被告在我国境内没有住所的，在收到起诉状副本后 30 日内提出答辩状。被告申请延期的，是否准许由人民法院决定。

【陷阱提示】

（1）这里采用的是住所标准，而非国籍标准。

（2）国内诉讼被告的答辩期为 15 日，而且不能申请延长。

2. 上诉的期间。在我国境内没有住所的当事人，不服第一审人民法院的判决、裁定的，有权在判决书、裁定书送达之日起 30 日内提起上诉。当事人不能在法定期间内提起上诉，申请延期的，是否准许，由人民法院决定。

【陷阱提示】这里采用的依然是住所标准，且对于居住在我国领域内的当事人一方的上诉期限依旧适用判决 15 日、裁定 10 日的上诉期限。双方的上诉期均已届满没有上诉的，第一审人民法院的判决，裁定即发生法律效力，即以后一个 30 日为准。

3. 诉前财保后的起诉期限。采取诉前财产保全后 30 天内提起诉讼，这一点和国内是一致的了。

【点睛之笔】涉外民诉的保全与国内民诉的保全规则相一致，参照国内进行记忆即可。

4. 审理期限。人民法院审理涉外民事案件的一审、二审审限期间，不受限制。同时，人民法院对涉外民事案件的当事人申请再审进行审查的期间，也不受 3 个月审查期的限制。

5. 公告送达期限：3 个月（国内：30 日）。

命题点二：涉外民诉的送达（有印象即可）

1. 依照受送达人所在国与中华人民共和国缔结或者共同参加的国际条约中规定的方式送达；

2. 通过外交途径送达；

3. 对具有中华人民共和国国籍的受送达人，可以委托中华人民共和国驻受送达人所在国的使领馆代为送达；

【陷阱提示】我国驻外使领馆只能给我国人进行送达。

4. 向受送达人委托的有权代其接受送达的诉讼代理人送达；

5. 向受送达人在中华人民共和国领域内设立的代表机构或者有权接受送达的分支机构、业务代办人送达；

6. 受送达人所在国的法律允许邮寄送达的，可以邮寄送达，自邮寄之日起满 3 个月，送达回证没有退回，但根据各种情况足以认定已经送达的，期间届满之日视为送达；自邮寄之日起满 3 个月，如果未收到送达的证明文件，且根据各种情况不足以认定已经送达的，视为不能用邮寄方式送达；

7. 采用传真、电子邮件等能够确认受送达人收悉的方式送达；

8. 不能用上述方式送达的，公告送达，自公告之日起满 3 个月，即视为送达。

【预测试题】1. 关于涉外民事诉讼，下列哪一选项是正确的？[1]

A. 涉外民事诉讼中的司法豁免是无限的

B. 当事人可以就涉外合同纠纷或者涉外财产权益纠纷协议确定管辖法院

C. 涉外民事诉讼中，双方当事人的上诉期无论是不服判决还是不服裁定一律都是 30 日

D. 对居住在国外的外国当事人，可以通过我国住该国的使领馆代为送达诉讼文书

2. 定居中国的美国人汤姆与定居英国的中国人刘三在美国留学期间结婚，但婚后双方感情不和，汤姆向中国法院起诉要求与刘三离婚，法院受理以后，则下列选项中正确的是？[2]

A. 本案的被告答辩期为 30 日

B. 若法院以公告方式送达文书，则双方的公告期是一样的

C. 汤姆聘请的代理人必须是中国律师

D. 本案如果采取诉前财产保全，原告应当在 30 日起诉

---

[1]　答案：B。涉外民诉中的司法豁免是有限的；涉外民诉中，境内无住所一方的上诉期才是 30 日，而不是双方；我国驻外使领馆只能给我国人送达。

[2]　答案：AD。对于 C 选项，汤姆也可以聘请外国人做代理人，只是不能以律师身份。

第十单元　执行程序

考点 32：执行程序与审判程序的关系 ★

执行程序与审判程序既有联系又有区别。

1. 两者的联系表现为：依审判程序作出的具有给付内容并需予以执行的法律文书适用执行程序予以执行。

2. 两者的区别表现为：审判程序是确定民事权利义务关系的程序，执行程序是实现民事权利义务关系的程序，执行程序是保证审判程序的任务得以实现的有力手段。但执行程序具有相对的独立性：

（1）经审判程序处理的民事案件并非必然经过执行程序；

（2）执行程序所适用的案件不只限于审判程序处理的案件范围。

【点睛之笔】公证机关制作的赋予强制执行效力的债权文书，仲裁机构作出的生效裁决书，如果需要执行，也由人民法院适用执行程序进行执行。因此，执行程序既不绝对地依赖于审判程序而存在，也非审判程序的必然延续。

考点 33：执行管辖 ★ ★

命题点一：执行管辖法院

1. 发生法律效力的民事判决、裁定，以及刑事判决、裁定中的财产部分，由第一审人民法院或者与第一审人民法院同级的被执行的财产所在地人民法院执行。

【点睛之笔】二审裁判由一审法院或第一审人民法院同级的被执行的财产所在地人民法院执行，二审法院不负责执行。例如：甲诉乙侵权一案经某市东区法院一审终结，判决乙赔偿甲6万元。乙向该市中级法院提出上诉，二审法院驳回了乙的上诉请求。乙居住在该市南区，家中没有什么值钱的财产，但其在该市西区集贸市场存有价值5万元的货物。甲应当向下列哪一个法院申请执行？该市东区法院、西区法院。东区法院为一审法院，西区法院为与一审法院同级的财产所在地法院。

2. 发生法律效力的实现担保物权裁定、确认调解协议裁定、支付令，由作出裁定、支付令的人民法院或者与其同级的被执行财产所在地的人民法院执行。

3. 认定财产无主的判决，由作出判决的人民法院将无主财产收归国家或者集体所有。

4. 法律规定由人民法院执行的其他法律文书，由被执行人住所地或者被执行的财产所在地人民法院执行。

【点睛之笔】生效的仲裁裁决，原则上由被执行人住所地或者被执行的财产所在地的中级人民法院管辖。但是，当执行案件符合基层法院一审民商事案件级别管辖受理范围，并经上级人民法院批准后，可以由被执行人住所地或者被执行财产所在地的基层人民法院管辖。

命题点二：执行管辖权冲突（共同管辖的处理）

对两个以上人民法院都有管辖权的执行案件：

1. 由最先立案的人民法院执行；

2. 人民法院在立案前发现其他有管辖权的人民法院已经立案的，不得重复立案；

3. 立案后发现其他有管辖权的人民法院已经立案的，应当撤销案件。已经采取措施的，应当将控制的财产交先立案的法院。

【陷阱提示】这里和审判中共同管辖处理的规定不同，执行中应当撤销案件，而不是移送。

命题点三：执行管辖权异议

当事人对法院的执行管辖有异议的，可以提出。此处需注意的考点有：

1. 异议提出的时间：自收到执行通知书之日起10日内提出。

【陷阱提示】这里不同于审判中管辖权异议的时间：答辩期——国内15日，涉外30日。

2. 审查结果：异议成立的，应当撤销执行案件，并告知当事人向有管辖权的人民法院申请执行；异议不成立的，裁定驳回。

3. 裁定的救济程序：当事人对裁定不服的，可以向上一级人民法院申请复议。

4. 对执行的影响：管辖权异议审查和复议期间，不停止执行，以防止当事人借管辖权异议程序逃避执行。

考点34：执行的启动方式及相关问题★★

命题点一：执行的启动方式

执行启动方式有两种不同的情形：申请执行和移送执行。其中申请执行是原则，移送执行是例外。

1. 申请执行的条件。

生效法律文书的执行，一般应当由当事人依法提出申请。申请应当符合以下6个条件：

（1）申请执行的法律文书已经生效。

（2）申请执行人是生效法律文书确定的权利人或其继承人、权利承受人。

（3）申请执行人在法定期限内提出申请。

【点睛之笔】《民事诉讼法》第246条关于申请执行的期间规定了以下几个方面：

1. 无论申请执行人是自然人、法人还是其他组织，申请执行的期限为2年（可变期间），具体而言：

（1）从法律文书规定履行期间的最后一日起计算；

（2）法律文书规定分期履行的，从最后一期履行期限届满之日起计算（与民法典中分期履行债务之诉讼时效的起算方式相同）；

（3）法律文书未规定履行期间的，从法律文书生效之日起计算。

2. 执行时效适用中止制度：在申请执行时效期间的最后 6 个月内，因不可抗力或者其他障碍不能行使请求权的，申请执行时效中止。从中止时效的原因消除之日起，申请执行时效期间继续计算。

3. 执行时效适用中断制度：可以引起中断的情形如申请执行时效因申请执行、当事人双方达成和解协议、当事人一方提出履行要求或同意履行义务而中断。从中断时起，申请执行时效期间重新计算。

4. 不作为义务的执行时效起算方式：生效法律文书规定债务人负有不作为义务的，申请执行时效期间从债务人违反不作为义务之日起计算。

申请执行人超过申请执行时效期间向人民法院申请强制执行的，人民法院应予受理。被执行人对申请执行时效期间提出异议，人民法院经审查异议成立的，裁定不予执行。被执行人履行全部或者部分义务后，又以不知道申请执行时效期间届满为由请求执行回转的，人民法院不予支持。

（4）申请执行的法律文书有给付内容，且执行标的和被执行人明确。

【陷阱提示】根据执行标的有限原则，执行只能针对被执行人的行为和财产。

（5）义务人在生效法律文书确定的期限内未履行义务。

（6）属于受申请执行的人民法院管辖。

2. 移送执行的范围。

（1）人民法院已生效的具有给付赡养费、扶养费、抚养费、抚恤金、医疗费和劳动报酬内容的法律文书（四费一金＋劳动报酬）。

（2）人民法院作出的民事制裁决定书，如罚款、拘留的决定。

（3）人民法院已生效的刑事法律文书中含有财产执行内容的法律文书，如刑事附带民事判决书。

（4）以撤销或变更已执行完毕的法律文书为内容的新判决书，即执行回转的文书。

（5）人民检察院提起公益诉讼案件判决、裁定发生效力后，被告不履行的，人民法院应当移送执行。

【预测试题】赵某与刘某因为人身损害赔偿发生争议，经甲区法院作出一审判决，要求赵某赔偿刘某 5 万元，但判决书没有写明履行期限。双方没有上诉。后因赵某没有履行，刘某申请法院依法强制执行，法院冻结了赵某的银行存款。则下列选项中正确的是？[1]

A. 刘某申请执行只能判决生效后 2 年内提出，此 2 年是不变期间

B. 刘某申请执行的执行时效应当从刘某第一次向赵某提出权利主张时开始计算

C. 即使刘某申请执行超过执行时效，执行法院仍然应当受理

D. 如果刘某的执行申请超过时效，被申请人赵某可以提出异议，由法院审查

命题点二：委托执行

被执行人或者被执行的财产在外地的，可以委托当地人民法院代为执行，此即委托执行。

1. 委托执行的适用条件。

被执行人、被执行的财产在外地的，负责执行的人民法院可以委托当地人民法院代为执行，也可以直接到当地执行。

---

[1] 答案：CD。申请执行的 2 年是可变期间，能够中止和中断；选项 B 因为未写明履行期限，所以申请执行的时效是从法律文书生效之日起计算。

【陷阱提示】负责执行的人民法院可以直接到当地执行，不是必须委托执行。

2. 受委托法院应当执行。

（1）受委托人民法院收到委托函件后，必须在15日内开始执行，不得拒绝。

（2）受托法院自收到委托函件之日起15日内不执行的，委托法院可以请求受委托人民法院的上级人民法院指令受委托法院执行。

（3）执行案件被委托执行后，当事人、利害关系人对原执行法院的执行行为提出异议的，由提出异议时负责该案件执行的人民法院审查处理；受指定或者受委托的人民法院是原执行法院的下级人民法院的，仍由原执行法院审查处理。

（4）执行案件被委托执行后，案外人对原执行法院的执行标的提出异议的，参照前款（3）的规定处理。

命题点三：逾期执行的救济

1. 适用情形。人民法院自收到申请执行书之日起6个月未执行的。关于"收到申请执行书之日起超过6个月未执行"，《民事诉讼执行程序解释》第11条列举了四种情形：

（1）债权人申请执行时被执行人有可供执行的财产，执行法院自收到申请执行书之日起超过6个月对该财产未执行完结的；

（2）执行过程中发现被执行人可供执行的财产，执行法院自发现财产之日起超过6个月对该财产未执行完结的；

（3）对法律文书确定的行为义务的执行，执行法院由收到申请执行书之日起超过6个月未依法采取相应执行措施的；

（4）其他有条件执行超过6个月未执行的。

【点睛之笔】这里的6个月期间，不应当计算执行中的公告期间、鉴定评估期间、管辖争议处理期间、执行争议协调期间、暂缓执行期间以及中止执行期间。

2. 救济途径。申请执行人可以向上一级（不等于上级）人民法院申请。

3. 救济方式。上一级人民法院经审查，可以责令原执行法院在一定期限内执行，也可以决定由本院执行或者指令其他人民法院执行。

4. 救济后果。执行法院在指定期间内无正当理由仍未执行完结的，上一级人民法院应当裁定由本院执行或者指令本辖区其他人民法院执行，而不能再次责令原执行法院限期执行。

考点35：执行行为异议及案外人对执行标的的异议 ★★★

命题点一：执行行为异议

当事人、利害关系人认为执行行为违反法律规定的，可以向负责执行的人民法院提出书面异议。该异议针对的是执行行为违反法律规定。

1. 异议的主体：当事人、利害关系人均可以提出。

【点睛之笔】当事人可以提出执行行为异议大家都可以理解，那什么时候可以由利害关系人提出呢？我举一个例子。例如，执行法院若想执行某个公司股东的股权，在执行之前必须履行一个告知义务，因为其他股东在同等条件下有优先购买权。假设执行法院未通知其他股东便执行了某个股东的股权，则此时其他股东可以作为利害关系人提出执行行为异议。

2. 异议的理由：执行行为违反法律规定。

3. 异议的形式：必须采用书面形式；申请复议的，也应当采取书面形式。

4. 异议的审查：法院应当自收到书面异议之日起 15 日内审查，要审查异议理由是否成立。

5. 审查结果：异议成立的，裁定撤销或改正执行行为；异议不成立的，裁定驳回异议。

6. 对审查结果的救济途径。

（1）可以自裁定送达之日起 10 日内向上一级人民法院申请复议。

【点睛之笔】在民事诉讼中，95% 的复议救济都是找原法院复议。只有 5 个复议找的是上一级法院，分别是罚款的决定、拘留的决定、驳回仲裁裁决执行申请的裁定、执行行为异议的裁定和执行管辖权异议的裁定，即两个决定、三个裁定。

（2）上一级人民法院对当事人、利害关系人的复议申请，应当组成合议庭进行审查。

（3）对执行的影响：执行异议审查和复议期间，不停止执行。但被执行人、利害关系人提供充分、有效的担保请求停止相应处分措施的，人民法院可以准许；人民法院准许停止执行后，申请执行人提供充分、有效的担保请求继续执行的，可以继续执行。

命题点二：案外人对执行标的的异议（简称执行异议或案外人执行异议）

案外人对执行标的的异议是指在执行过程中，案外人对被执行的财产的全部或一部分主张实体权利并要求负责执行的人民法院停止并变更执行的书面请求，根据民事诉讼法和相关司法解释的规定，对于案外人对执行标的提出的异议有如下考点：

1. 案外人异议的条件。

（1）异议应当在执行中（即执行程序开始后至执行终结前）提出。

（2）提出异议的主体是案外人。

（3）异议理由必须是对执行标的的主张所有权或者有其他足以阻止执行标的的转让、交付的实体权利，而且是正当的。

2. 程序问题。

（1）应当以书面形式提出，并提供证据，执行法院应当自收到异议之日起 15 日内进行审查。

【陷阱提示】这里的审查是实质审查，确认异议理由是否正确。

（2）审查期间可以对财产采取查封、扣押、冻结等保全措施，但不得进行处分。正在实施的处分措施应当停止。但如果案外人向人民法院提供充分、有效的担保请求解除对异议标的的查封、扣押、冻结的，人民法院可以准许；申请执行人提供充分、有效的担保请求继续执行的，应当继续执行。

【点睛之笔】在审查期间权属尚未确定，因此不能处分。

（3）审查认为异议成立，即案外人对执行标的享有足以排除强制执行的权益的，应当裁定中止对该标的的执行。申请执行人自裁定送达之日起 15 日内未提起诉讼的，人民法院应当裁定解除已经采取的执行措施。如果异议理由不成立的，则裁定予以驳回。

【陷阱提示】中止执行的范围仅限于案外人依该条规定提出异议部分的财产范围；对被执行人的其他财产，不应中止执行。同时，驳回案外人执行异议裁定送达案外人之日起 15 日内，人民法院不得对执行标的的进行处分。

3. 执行异议的救济。

案外人和当事人对裁定不服的，救济方式因是否与原判决、裁定有关而不同：

（1）认为原判决、裁定错误的，依照审判监督程序办理，即案外人对驳回其执行异议的裁定不服，认为原判决、裁定、调解书内容错误损害其民事权益的，可以向执行异议裁定送达之日起 6 个月内，向作出原判决、裁定、调解书的人民法院申请再审。

（2）与原判决、裁定无关的，可以在裁定送达之日起 15 日内向人民法院提起诉讼，我们称之为异议之诉。具体可以分为案外人起诉和申请执行人起诉两种。

【点睛之笔】案外人、当事人对于申请再审和异议之诉，两种救济方式不能自由选择，只能以原判决、裁定是否直接涉及执行标的的权利归属，即原判的标的物与执行的标的物是否同一为标准，采取两者中的某一种救济方式。

4. 异议之诉的提出。

（1）案外人起诉：如果异议不成立，即法院不支持案外人，原裁判又未直接涉及执行标的的权利归属，则案外人可以向人民法院起诉。

①当事人排列：应当以申请执行人为被告；被执行人反对案外人对执行标的所主张的实体权利的，应当以申请执行人和被执行人为共同被告。

②管辖法院：由执行法院管辖。

③对执行的影响：诉讼期间，不停止执行。但案外人的诉讼请求确有理由或者提供充分、有效的担保请求停止执行的，可以裁定停止对执行标的进行处分；申请执行人提供充分、有效的担保请求继续执行的，应当继续执行。

（2）申请执行人起诉：如果异议成立，即法院支持了案外人，裁定了中止执行，原裁判又未直接涉及执行标的的权利归属，则申请执行人可以向人民法院起诉。

①当事人排列：应当以案外人为被告；被执行人反对申请执行人请求的，应当以案外人和被执行人为共同被告。

②管辖法院：由执行法院管辖。

【点睛之笔】异议之诉应当按照第一审普通程序进行审理。同时，在异议之诉审理期间，人民法院不得对执行标的进行处分。申请执行人请求法院继续执行并提供相应担保的，人民法院可以准许。

究竟何时走审判监督程序，何时走异议之诉程序，很多考生经常处于混乱状态，这里我给出一个做题的规律：原判的标的物与执行的标的物是否同一：第一，当标的物同一时，再审程序；第二，当标的物不同一时，异议之诉。

例：甲与乙争议一辆价值 90 万元的轿车，经法院审理判决该轿车归甲所有，并责令乙将该轿车交付于甲。判决生效后，乙拒绝交付。

1. 甲申请执行该轿车，丙提出异议，认为该轿车是自己的。

丙——异议——轿车——审查：（标的物同一）

（1）成立：裁定中止执行——申请人申请再审；

（2）不成立：裁定驳回——案外人申请再审。

2. 因轿车无法执行，甲申请执行乙的房屋，丙提出异议，认为房屋是自己的。

丙——异议——房屋——审查：（标的物不同一）

（1）成立：裁定中止执行——申请人异议之诉；

（2）不成立：裁定驳回——案外人异议之诉。

【预测试题】赵某与孙某因买卖合同发生纠纷，法院判决要求赵某向孙某交付买卖的标的物：范曾《八仙图》。法院在执行中扣押了这幅画。案外人王某得知此事，立即向法院表示这

幅画是他所有，则下列选项中正确的是？〔1〕

    A. 王某应当以书面形式提出自己的主张，法院在 15 日内进行审查

    B. 法院审查后，异议理由成立的，应当中止对该标的的执行

    C. 法院对此作出裁定认为异议不成立，则王某可以申请再审

    D. 王某提出异议后，还可以提出第三人撤销之诉

【预测试题】赵某因拖欠某银行贷款，被银行诉至法院，法院作出生效判决，要求赵某立即清偿贷款及利息 10 万元。赵某没有履行，法院依法强制执行，扣押了赵某家里的一只清朝瓷器，赵某提出异议认为该瓷器是祖传器物，不应当执行；案外人王某提出异议认为，这个瓷器赵某已经卖给了自己，不应当执行。则下列选项中正确的是？〔2〕

    A. 赵某和王某的异议都应当以书面形式提出

    B. 赵某和王某的异议，法院都应当在 15 日内审查

    C. 法院对于两人的异议作出裁定后，案外人、当事人不服都可以申请复议

    D. 法院对于两人的异议作出裁定后，案外人、当事人不服可以起诉

考点 36：执行程序中的若干重点问题 ★★★

命题点一：执行和解

执行和解是指在执行过程中，申请执行人和被执行人自愿协商，达成协议，并经人民法院审查批准后，结束执行程序的行为。执行和解是当事人处分自己民事权利和诉讼权利的行为。

1. 适用。

执行和解是双方当事人自行达成的协议，法院并未主持该协议的达成。当事人达成和解协议向法院提出的，法院将和解协议记入笔录。

【陷阱提示】人民法院在执行中不进行调解，但是可以自行和解。执行和解也可以口头，口头达成协议的，法院将当事人协议内容记入笔录，由双方签字或盖章。

2. 执行和解的效力。

（1）执行和解协议仅具有合同的相对约束力，不具有强制执行力：如果不履行和解协议，当事人不能申请执行和解协议。

（2）执行和解协议不具有撤销原执行文书的效力：和解协议只是对执行达成的协议，不能撤销原执行文书，原执行文书仍然具有法律效力。

3. 恢复执行。

（1）恢复执行的条件：

①申请执行人因受欺诈、胁迫与被执行人达成和解协议，或者当事人不履行或不完全履行和解协议的；因受欺诈、胁迫而达成的和解协议，不是当事人真实意思的表示，违背了执行和

---

〔1〕 答案：ABC。本题中原判的标的物与执行的标的物同为字画（《八仙图》），因此案外人王某可以通过再审救济，故 C 正确；而根据救济模式之间的关系，执行异议在前，排斥撤销之诉，因此王某提出异议后，其不可以提出第三人撤销之诉，D 错误。

〔2〕 答案：AB。本题中赵某提出的属于执行行为异议，而案外人王某提出的则属于案外人异议，故 A、B 正确；对执行行为异议的裁定不服，救济方式是复议，而对案外人异议裁定不服，救济方式则是申请再审或提起异议之诉，本题中原判的标的物（金钱）与执行的标的物（瓷器）不同一，故救济方式是提起异议之诉。

解的基本原理，当事人当然可以申请恢复执行原裁判文书。

②当事人申请恢复执行，执行法院不可依职权恢复执行。

（2）恢复执行的对象：恢复对原生效法律文书的执行，而不是对和解协议的执行。

（3）恢复执行的法律效果：人民法院恢复执行后，和解协议已履行的部分应当扣除，和解协议已经履行完毕的，人民法院应当裁定终结执行，不予恢复执行。

【点睛之笔】《执行和解规定》明确赋予了申请执行人以选择权，即在被执行人不履行和解协议时，申请执行人既可以申请恢复执行，也可以就履行执行和解协议提起诉讼。但两种救济方式只能择一，不能并用。

【预测试题】甲公司与乙公司因买卖合同发生纠纷，经法院作出判决，由乙公司支付违约金50万元，并继续履行合同。执行过程中，甲乙公司口头达成协议：无需实际履行，赔偿金增加到70万元，10日内支付完毕。在此情形下，下列说法正确的是？[1]

A. 法院应将协议内容记入笔录，由甲乙双方签章

B. 约定的10日履行期限届满，乙公司支付了赔偿金70万元，则甲公司不能再要求继续履行

C. 经查明甲公司是受到欺诈而与乙公司达成和解协议，则甲公司可以要求恢复执行原判决

D. 如果乙公司履行期间届满只支付了40万元，则甲公司只能要求恢复执行原判决

命题点二：执行担保

执行担保是指在执行过程中，被执行人向人民法院提供担保，以换取暂缓执行的制度。

1. 适用条件。

（1）被执行人申请向人民法院提供担保。

【陷阱提示】这里的担保形式可以由被执行人向人民法院提供财产担保，也可以由第三人提供物保或人保。

（2）申请执行人同意。

（3）人民法院准许。

2. 效力。

（1）人民法院决定暂缓执行及暂缓执行的期限。

（2）人民法院对暂缓执行的期限的决定权有两点限制：

①如果担保是有期限的，暂缓执行的期限应与担保期限一致；

②最长不得超过1年。

3. 对被执行人不履行义务的措施。

在暂缓执行期间，被执行人或担保人对担保的财产有转移、隐藏、变卖、毁损等行为的，人民法院可以恢复强制执行。如果暂缓执行期限届满后，被执行人仍不履行义务，人民法院可以依申请执行人的申请恢复执行，并直接执行被执行人提供担保的财产或裁定执行担保人的财产，无须将担保人变更、追加为被执行人。

【陷阱提示】为保护担保人的利益，执行担保人的财产应以担保人应当履行的义务为限，且担保人的财产被执行后，其可以通过诉讼对被执行人进行追偿。

---

[1] 答案：ABC。达成执行和解协议且已经履行完毕的，执行终结，不能再要求继续履行，B正确。被执行人乙公司不完全履行和解协议的，甲公司除了可以申请恢复执行，还可以就履行执行和解协议提起诉讼，D错误。

【预测试题】刘某与孙某侵权纠纷一案，经过法院调解达成调解协议，刘某支付赔偿金50万元。在执行过程中，刘某提供担保，则下列选项中正确的是？[1]

A. 适用执行担保，可以是刘某自己提供物保，可以由第三人提供保证

B. 适用执行担保后，法院应当决定暂缓执行

C. 适用执行担保后，刘某在暂缓执行期间转移担保财产，法院可以立即恢复执行

D. 执行过程中刘某死亡，继承人放弃继承的，法院可以直接对遗产进行执行

命题点三：参与分配

参与分配是指在执行过程中，因债务人的财产不足以清偿多个债权人的债权，申请执行人以外的其他债权人凭借有效的执行根据加入已经开始的执行过程中，使各个债权能够公平受偿的制度。其与破产非常类似，其核心区别在于破产主要适用于法人，而参与分配适用于其他组织和自然人。

1. 参与分配适用的条件。

（1）被执行人的财产无法清偿所有债权。

（2）被执行人为自然人或其他组织，而非法人。

【陷阱提示】若法人的财产无法清偿所有债权则进入破产程序，非参与分配程序。

（3）有多个申请人对同一被申请人享有债权。

（4）申请人必须取得生效的执行根据，起诉后尚未获得生效判决的债权人不具备参与分配的资格。

【陷阱提示】对人民法院查封、扣押、冻结的财产有优先权、担保物权的债权人，可以直接申请参与分配，主张优先受偿权。

（5）参与分配的债权只限于金钱债权。

（6）参与分配必须发生在执行程序开始后，被执行人的财产清偿完毕之前。

2. 财产分配方案的制定和实施。

参与分配制度应当由申请执行人向法院提出申请。主持参与分配的法院应当是对债务人首先采取查封、扣押或冻结措施的法院。参与分配开始后，执行法院应当制作财产分配方案，具体制定和实施步骤如下：

（1）执行法院应当制作财产分配方案，并送达各债权人和被执行人，债权人或者被执行人对分配方案存在异议的，应当自收到分配方案之日起15日内向执行法院提出书面异议。

（2）债权人或者被执行人对分配方案提出书面异议的，执行法院应当通知未提出异议的债权人或被执行人。

（3）未提出异议的债权人或被执行人可以对此提出反对意见，根据其是否提出反对意见，有不同的处理方式：

①未提出异议的债权人、被执行人收到通知之日起15日内未提出反对意见的，执行法院依异议人的意见对分配方案审查修正后进行分配；

②未提出异议的债权人、被执行人收到通知之日起15日内提出反对意见的，应当通知异议人。异议人可以自收到通知之日起15日内，以提出反对意见的债权人、被执行人为被告，向执行法院提起诉讼；异议人逾期未提起诉讼的，执行法院依原分配方案进行分配，并送达各债权人和被执行人。

---

[1]　答案：ABCD

命题点四：代位申请执行

被执行人不能清偿债务，但对第三人享有到期债权的，人民法院可依申请执行人或被执行人的申请，通知该第三人向申请执行人履行债务。

1. 适用条件。

（1）被执行人不能清偿债务，但对第三人享有到期债权。

（2）依申请执行人或被执行人的申请（双方都可以提出代位执行的申请）。

【陷阱提示】人民法院必须依申请才能通知第三人履行债务，而不能依职权主动通知。

2. 人民法院通知的效力。

（1）第三人在收到通知后15日内向申请执行人履行债务。

（2）第三人在收到通知后15日内向执行法院提出异议。

【点睛之笔】这里的异议一般采用书面形式，但是也可以口头，这是法考的常考点。

3. 第三人异议。

（1）必须在法定期间内（15日内）提出。

（2）对异议不进行审查，但是提出自己没有履行能力或自己与申请执行人无直接法律关系的，不属于异议。

（3）经有效异议，人民法院不得对第三人强制执行。

（4）第三人提出部分异议的，对其承认的部分可以强制执行。

4. 对第三人的措施。

（1）如果第三人收到履行通知后不提出异议，也不履行的，人民法院可以强制执行。

（2）第三人收到人民法院要求其履行到期债务的通知后，擅自向被执行人履行，造成已向被执行人履行的财产不能追回的，除在已履行的财产范围内与被执行人承担连带清偿责任外，可以追究其妨害执行的责任，即罚款、拘留。

（3）在对第三人作出强制执行裁定后，第三人确无财产可供执行的，不得就第三人对他人享有的到期债权强制执行，即不得再代位执行，即代位只能一次。

【预测试题】甲食品厂，是一家合伙企业被法院多份判决分别裁决应当清偿乙公司债务100万元、丙公司债务200万元。乙公司申请执行，在执行过程中，发现甲厂没有其他财产可供执行，但对丁公司有到期债务50万元，则下列选项中正确的是？[1]

A. 法院可以依据甲厂的申请，对丁公司发出履行通知，要求丁公司履行债务

B. 如果丁公司对法院表示，其与甲厂存在债权债务争议，则法院不得对丁公司强制执行

C. 丙公司可以申请参与分配

D. 适用参与分配的，由法院依法公正编制财产分配方案，照方案执行，各方公平受偿

---

〔1〕　答案：ABC。适用参与分配的，由法院依法公正编制财产分配方案，并非一定照方案执行，各方可以提出异议。

考点 37：执行措施 ★ ★

命题点一：常见的执行措施

《民事诉讼法》及其相关司法解释对于执行措施的规定是非常繁杂的，但在法考中对其所考查的力度却是较小的，因此我们对此只需要把握其重点，而对于其他条文建议稍微阅读一下相关法条即可。

1. 迟延履行利息和迟延履行金。

（1）被执行人未按判决、裁定和其他法律文书指定的期间履行金钱给付义务的，应当加倍支付迟延履行期间的债务利息。

（2）被执行人未按判决、裁定和其他法律文书指定的期间履行其他义务（非金钱给付义务）的，应当支付迟延履行金。

【陷阱提示】被执行人未按判决、裁定和其他法律文书指定的期间履行非金钱给付义务的，无论是否已给申请执行人造成损失，都应当支付迟延履行金。已经造成损失的，双倍补偿申请执行人已经受到的损失；没有造成损失的，迟延履行金可以由人民法院根据具体案件情况决定。

2. 限制出境。

（1）限制出境的对象。

①被执行人为单位的，可以对其法定代表人、主要负责人或者影响债务履行的直接责任人员限制出境；

②被执行人为无民事行为能力人或者限制民事行为能力人的，可以对其法定代理人限制出境。

（2）限制出境的解除。

①在限制出境期间，被执行人履行法律文书确定的全部债务的，执行法院应当及时解除限制出境措施；

②被执行人提供充分、有效的担保或者申请执行人同意的，可以解除限制出境措施。

【点睛之笔】限制出境的采用可以依申请，也可以依职权而启动。

3. 报告财产。

（1）报告的原因：被执行人未按执行通知履行法律文书确定的义务。

（2）报告内容：应当报告当前以及收到执行通知之日前 1 年的财产情况。

（3）报告范围：金钱、不动产、动产、财产性权利。

（4）拒报虚报后果：可以根据情节轻重对被执行人或者其法定代理人、有关单位的主要负责人或者直接责任人员予以罚款、拘留。

4. 拘传。

（1）拘传的对象：必须接受调查询问的被执行人、被执行人的法定代表人、负责人或者实际控制人。

（2）拘传的条件：经依法传唤无正当理由拒不到场。

（3）时间限制：人民法院应当及时对被拘传人进行调查询问，调查询问的时间不得超过 8 小时；情况复杂，依法可能采取拘留措施的，调查询问的时间不得超过 24 小时。

（4）异地拘传：人民法院在本辖区以外采取拘传措施时，可以将被拘传人拘传到当地人民法院，当地人民法院应予协助。

5. 搜查。

（1）搜查的前提条件：在执行中，被执行人隐匿财产、会计账簿等资料，人民法院责令其交出，而被执行人拒不交出。

（2）搜查的程序要求：人民法院搜查时禁止无关人员进入搜查现场；搜查对象是公民的，应当通知被执行人或者他的成年家属以及基层组织派员到场；搜查对象是法人或者其他组织的，应当通知法定代表人或者主要负责人到场。拒不到场的，不影响搜查。

【陷阱提示】搜查妇女身体，应当由女执行人员进行。

（3）搜查笔录的制作：搜查应当制作搜查笔录，由搜查人员、被搜查人及其他在场人签名、捺印或者盖章。拒绝签名、捺印或者盖章的，应当记入搜查笔录。

6. 选定代履行人履行行为义务。

（1）选定的前提条件：被执行人不履行生效法律文书确定的行为义务，该义务可由他人完成的（不具有人身的专属性质），人民法院可以选定代履行人。

（2）代履行人的选定：法律、行政法规对履行该行为义务有资格限制的，应当从有资格的人中选定。必要时，可以通过招标的方式确定代履行人。申请执行人可以在符合条件的人中推荐代履行人，也可以申请自己代为履行，是否准许，由人民法院决定。

（3）代履行费用的确定：代履行费用的数额由人民法院根据案件具体情况确定，并由被执行人在指定期限内预先支付。被执行人未预付的，人民法院可以对该费用强制执行。

7. 纳入失信名单，通报征信系统记录不履行义务信息。

被执行人不履行法律文书确定的义务的，人民法院除对被执行人予以处罚外，还可以根据情节将其纳入失信被执行人名单，将被执行人不履行或者不完全履行义务的信息向其所在单位、征信机构以及其他相关机构通报。

8. 限制被执行人高消费。

被执行人未按执行通知书指定的期间履行生效法律文书确定的给付义务的，人民法院可以限制其高消费，禁止被执行人及其法定代表人、主要负责人、影响债务履行的直接责任人以被执行人的财产支付下列行为：

（1）乘坐交通工具时，选择飞机、列车软卧、轮船二等以上舱位；

（2）在星级以上宾馆、酒店、夜总会、高尔夫球场等场所进行高消费；

（3）购买不动产或者新建、扩建、高档装修房屋；

（4）租赁高档写字楼、宾馆、公寓等场所办公；

（5）购买非经营必需车辆；

（6）旅游、度假；

（7）子女就读高收费私立学校；

（8）支付高额保费购买保险理财产品；

（9）其他非生活和工作必需的高消费行为。

【点睛之笔】限制高消费的执行措施可以由债权人向人民法院申请启动，也可以由人民法院自行依职权启动。人民法院决定限制高消费的，应当向被执行人发出限制高消费令。被执行人违反限制高消费令进行消费的行为属于拒不履行人民法院已经发生法律效力的判决、裁定的行为，经查证属实的，依法予以拘留、罚款；情节严重，构成犯罪的，追究其刑事责任。

命题点二：执行措施中的一些特殊规定

1. 不得查封、扣押、冻结的财产。

（1）被执行人及其所扶养家属生活所必需的衣服、家具、炊具、餐具及其他家庭生活必需的物品。

（2）被执行人及其所扶养家属所必需的生活费用。当地有最低生活保障标准的，必需的生活费用依照该标准确定。

（3）被执行人及其所扶养家属完成义务教育所必需的物品。

（4）未公开的发明或者未发表的著作。

（5）被执行人及其所扶养家属用于身体缺陷所必需的辅助工具、医疗物品。

（6）被执行人所得的勋章及其他荣誉表彰的物品。

（7）根据缔结条约程序法，以中华人民共和国、中华人民共和国政府或者中华人民共和国政府部门名义同外国、国际组织缔结的条约、协定和其他具有条约、协定性质的文件中规定免于查封、扣押、冻结的财产。

（8）法律或者司法解释规定的其他不得查封、扣押、冻结的财产。

2. 被执行人为金融机构的，对其交存在人民银行的存款准备金和备付金不得冻结和扣划，但对其在本机构、其他金融机构的存款及其在人民银行的其他存款可以冻结、划拨，并可对被执行人的其他财产采取执行措施，但不得查封其营业场所。

【点睛之笔】之所以规定对其交存在人民银行的存款准备金和备付金不得冻结和扣划，是为了保障《商业银行法》所规定的资本充足率。

【预测试题】1. 执行法院对下列哪些财产不得采取执行措施？[1]

A. 被执行人未发表的著作

B. 被执行人及其所扶养家属完成义务教育所必需的物品

C. 金融机构交存在中国人民银行的存款准备金和备付金

D. 金融机构的营业场所

2. 以下关于执行措施说法正确的是？[2]

A. 如果被执行人没有按照法律文书规定的履行期限履行金钱义务，则应当按照法律规定加倍支付迟延履行期间的债务利息

B. 被执行人未按执行通知履行法律文书确定的义务，应当报告当前的财产情况，但无需报告财产的其他情况

C. 被执行人不履行法律文书确定的行为义务，该义务可由他人完成的，法院可以指定代履行人代为履行

D. 被执行人不履行法律文书确定的义务的，人民法院可以对其采取或者通知有关单位协助采取限制出境的措施

---

〔1〕 答案：ABCD。

〔2〕 答案：ACD。财产报告制度的内容是当前以及收到执行通知之日前1年的财产情况。

第十一单元　仲裁程序

考点 38：仲裁法的基本制度 ★

1. 协议仲裁制度。

仲裁协议是当事人仲裁意愿的体现。当事人申请仲裁、仲裁委员会受理仲裁案件以及仲裁庭对仲裁案件的审理和裁决都必须依据双方当事人之间所订立的有效的仲裁协议，没有仲裁协议就没有仲裁制度，有效的仲裁协议是仲裁程序的前提。

2. 或裁或审制度。

仲裁与诉讼是两种不同的争议解决方式，对于当事人之间发生的合同纠纷或其他财产权益纠纷，只能由双方当事人在仲裁或者诉讼中选择其一加以采用。有效的仲裁协议即可排斥法院对案件的司法管辖权，只有在没有仲裁协议或者仲裁协议无效的情况下，法院才可以行使司法管辖权予以审理。

【陷阱提示】这里的排斥不等于禁止，虽然双方达成仲裁协议，依然可以起诉到法院。

《仲裁法》第 26 条　当事人达成仲裁协议，一方向人民法院起诉未声明有仲裁协议，人民法院受理后，另一方在首次开庭前提交仲裁协议的，人民法院应当驳回起诉，但仲裁协议无效的除外；另一方在首次开庭前未对人民法院受理该案提出异议的，视为放弃仲裁协议，人民法院应当继续审理。

3. 一裁终局制度。

我国《仲裁法》明确规定，仲裁实行一裁终局制度，即仲裁裁决一经仲裁庭作出，即为终局裁决，立即发生效力。仲裁裁决作出后，当事人就同一纠纷再申请仲裁或者向人民法院起诉，仲裁委员会或者人民法院不予受理。当事人应当自动履行仲裁裁决，一方当事人不履行的，另一方当事人可以向法院申请强制执行。

【陷阱提示】仲裁裁决被人民法院依法裁定撤销或者不予执行的，当事人就该纠纷可以根据双方重新达成的仲裁协议申请仲裁，也可以向人民法院起诉。

考点 39：仲裁委员会与仲裁规则 ★

1. 仲裁委员会的设立机制。仲裁委员会可以在直辖市和省、自治区人民政府所在地的市设立，也可以根据需要在其他设区的市设立，不按照行政区划层层设立。

2. 仲裁规则。仲裁规则是指进行仲裁程序所应遵循和适用的规范，本身属于任意性较强的行为规范。它与仲裁法既有联系，又有区别：（1）两者都是仲裁中的行为规范；（2）仲裁规则可以由仲裁机构制定，有些内容还允许当事人自行约定；（3）仲裁规则不得违反仲裁法中的强制性规定。

【预测试题】关于仲裁委员会的设立及仲裁规则，下列说法正确的是？[1]

A. 仲裁委员会根据需要可以在设区的市设立，不按照行政区划层层设立

B. 双方当事人可以约定与争议无关的某区仲裁委员会进行仲裁，该约定有效

C. 仲裁规则可以由仲裁机构制定，有些内容还允许当事人自行约定，因而具有任意性

D. 仲裁规则和仲裁法的内容发生冲突时，由仲裁庭决定适用何者

考点 40：仲裁协议 ★★

命题点一：仲裁协议的形式与内容

1. 仲裁协议的形式。仲裁协议必须采取书面形式。这里的书面形式，包括合同中订立的仲裁条款，也包括以合同书，信件和数据电文等形式达成的请求仲裁的协议。

【点睛之笔】民诉中常考的必须书面的有 10 个：管辖权异议、协议管辖、上诉、申请查阅生效文书、书证的提出命令申请、支付令的异议、执行行为异议、案外人对执行标的的异议、不予受理的裁定、仲裁协议。

2. 仲裁协议的内容。

（1）请求仲裁的双方共同的意思表示。

（2）仲裁事项。

【陷阱提示】

①身份关系不仲裁——婚姻、收养、监护、扶养、继承纠纷。

②当事人概括约定仲裁事项为合同争议的，基于合同成立、效力、变更、转让、履行、违约责任、解释、解除等产生的纠纷都可以认定为仲裁事项。即仲裁事项可以概括约定。

（3）选定的仲裁委员会，即约定要明确、具体：

①仲裁机构名称不准确，但能够确定具体的仲裁机构的，有效。

②仅约定纠纷适用的仲裁规则的，但当事人达成补充协议或按仲裁规则能够确定仲裁机构的，有效。

③约定两个以上仲裁机构的，当事人可以协议选择其中一个仲裁机构申请仲裁。

④约定由某地的仲裁机构仲裁且该地仅有一个仲裁机构的，该仲裁机构视为约定的仲裁机构。该地有两个以上仲裁机构的，当事人可以协议选择其中的一个仲裁机构申请仲裁；当事人不能就仲裁机构选择达成一致的，仲裁协议无效。

⑤约定争议可以向仲裁机构申请仲裁也可以向人民法院起诉的，仲裁协议无效。但一方向仲裁机构申请仲裁，另一方未在仲裁庭首次开庭前提出异议的除外。

命题点二：仲裁协议的效力

1. 仲裁协议的效力体现。

（1）对人效力——约束当事人仲裁选择权。当事人达成了仲裁协议，根据诚实信用原则，纠纷产生后应当采用仲裁的方式解决争议。

---

[1] 答案：AC。仲裁委员会可以在直辖市和省、自治区人民政府所在地的市设立，也可以根据需要在其他设区的市设立。因此，某区根本不存在仲裁委，约定无效，B 错误。仲裁规则不得违反仲裁法中的强制性规定，D 错误。

（2）对法院效力——排斥司法管辖权——有效的仲裁协议排斥法院管辖。

《仲裁法》第26条　当事人达成仲裁协议，一方向人民法院起诉未声明有仲裁协议，人民法院受理后，另一方在首次开庭前提交仲裁协议的，人民法院应当驳回起诉，但仲裁协议无效的除外；另一方在首次开庭前未对人民法院受理该案提出异议的，视为放弃仲裁协议，人民法院应当继续审理。

（3）对仲裁机构效力——限定了仲裁范围。仲裁机构进行仲裁，应当以仲裁协议内的事项为准，不能超出协议事项范围而仲裁，否则会出现仲裁裁决"部分有效，部分无效"的后果，即协议范围内的部分有效，超裁部分无效。

2. 仲裁条款的独立性。

合同的变更、解除、终止或者无效，合同成立后未生效或者被撤销的，不影响仲裁协议的效力。

3. 仲裁协议效力的确认。

（1）提出时间。

①当事人对仲裁协议的效力有异议的，应当在仲裁庭或法院首次开庭前提出。

②当事人在仲裁庭首次开庭前没有对仲裁协议的效力提出异议，而后向人民法院申请确认仲裁协议无效的，人民法院不予受理。

【点睛之笔】对于仲裁协议的效力异议只能在此时提出，当事人在仲裁程序中未对仲裁协议的效力提出异议，在仲裁裁决作出后以仲裁协议无效为由主张撤销仲裁裁决或者提出不予执行抗辩的，人民法院不予支持。

（2）效力的确认机关。

①中级人民法院—裁定；

（仲裁协议约定的仲裁机构所在地、仲裁协议签订地、申请人住所地、被申请人住所地的中级人民法院——4个中院）

②仲裁委员会—决定。

【陷阱提示】人民法院的确认权优先。即一方请求仲裁委员会作出决定，另一方请求人民法院作出裁定的，由人民法院裁定。当然，这里还有一个条件是：人民法院受理当事人要求确认仲裁协议的效力的请求时，仲裁委员会对于仲裁协议的效力并未作出决定，也没有依法对仲裁的民事纠纷作出裁决。

《仲裁法解释》第13条第2款　仲裁机构对仲裁协议的效力作出决定后，当事人向人民法院申请确认仲裁协议效力或者申请撤销仲裁机构的决定的，人民法院不予受理。

4. 仲裁协议的无效。

不符合仲裁协议的内容或形式要求的仲裁协议都无效，下面列出几个典型的无效情形：

（1）以口头方式订立的仲裁协议无效。仲裁协议必须以书面方式订立；

（2）约定的仲裁事项超出法律规定的仲裁范围，仲裁协议无效；

（3）无民事行为能力人或者限制民事行为能力人订立的仲裁协议无效；

（4）一方采取胁迫手段，迫使对方订立仲裁协议的，该仲裁协议无效；

（5）仲裁协议对仲裁事项没有约定或约定不明确，或者仲裁协议对仲裁委员会没有约定或者约定不明确，当事人对此又达不成补充协议的，仲裁协议无效。

【陷阱提示】若双方当事人达成补充协议，则仲裁协议有效。

【预测试题】天津的一家中外合资经营企业华贸科技公司与北京市一家国有企业华远公司的货物买卖合同中，有仲裁条款约定，因本合同发生纠纷，双方自愿提交上海仲裁委员会仲裁。在双方发生纠纷后,华贸公司提出了仲裁申请,则下列选项中正确的是?[1]

A. 该仲裁协议因约定仲裁机构与本案没有实际联系,所以无效

B. 华贸公司作为中外合资经营企业,其与他人发生的纠纷适用专属管辖,因此不适用仲裁

C. 双方的仲裁协议必须以书面形式订立

D. 如果该合同被认定为无效,则该仲裁协议也无效

考点 41:仲裁程序 ★★★

命题点一:仲裁保全

根据《仲裁法》和《民事诉讼法》的规定,仲裁保全包括财产保全和证据保全,并可以划分为仲裁前保全和仲裁中保全。

1. 财产保全。

(1) 仲裁前财产保全。

①条件。根据法律规定,仲裁前财产保全应当符合下列条件:

a. 必须有采取仲裁前保全的紧迫性,即情况紧急,不立即采取相应的保全措施,将会使申请人的合法权益受到难以弥补的损失。

b. 必须由利害关系人提出申请。仲裁前财产保全的申请人称为利害关系人。所谓利害关系人,即与被申请人发生争议,或者认为权利受到被申请人侵犯的人。

c. 申请人必须提供担保。

d. 应当向有管辖权的人民法院提出申请。根据《民事诉讼法》第 104 条第 1 款的规定,仲裁前财产保全,由申请人向被保全财产所在地、被申请人住所地的人民法院提出申请。

②程序:

a. 利害关系人提出书面申请。

b. 利害关系人直接向民事诉讼法规定的被保全财产所在地、被申请人住所地人民法院递交财产保全申请书。

c. 人民法院依照《民事诉讼法》的规定对财产保全申请进行审查,并决定是否采取财产保全措施以及采取何种措施。

d. 申请人应当在人民法院采取保全措施后 30 日内依法申请仲裁。申请人未在法定期间内申请仲裁的,人民法院应当解除保全。

(2) 仲裁中财产保全。

①申请。仲裁当事人应当向仲裁委员会递交财产保全书面申请,由仲裁委员会将当事人的申请提交人民法院。

【点睛之笔】仲裁程序中不存在职权保全,而且在仲裁中当事人不能直接向法院申请,而必须向仲裁委员会申请,由仲裁委员会将申请交给相应法院。

②管辖。

---

[1] 答案:C。仲裁机构由双方选定,并不要求有实际联系;专属管辖并不排斥仲裁;D 选项仲裁协议具有独立性,不因合同无效而无效。

a. 国内仲裁——被申请人住所地或财产所在地基层人民法院。

b. 涉外仲裁——被申请人住所地或财产所在地中级人民法院。

2. 证据保全

（1）仲裁前证据保全。

①条件：仲裁前证据保全最重要的条件是情况紧急，这是区别于仲裁中证据保全的重要标志。所谓情况紧急，是指证据灭失或者以后难以取得成为迫在眉睫的危险，利害关系人只能在申请仲裁前请求对相关证据予以强制性保护。

②程序。

a. 利害关系人提出书面申请。

b. 利害关系人直接向证据所在地、被申请人住所地人民法院递交证据保全申请。

c. 人民法院审查并作出裁定。

d. 对裁定保全的证据采取强制措施。

（2）仲裁中证据保全。

①适用条件：在证据可能灭失或者以后难以取得的情况下，这与诉讼程序是一样的。

②启动方式：当事人向仲裁委员会提出申请，仲裁委员会再将当事人申请提交人民法院：

a. 仲裁委员会对于当事人的申请并无审查权；

b. 仲裁委员会和人民法院无权依职权决定进行证据保全；

c. 当事人是向仲裁委员会提交申请，再由仲裁委员会将申请提交给相应法院。

③管辖。

a. 国内仲裁：证据所在地的基层人民法院。

b. 涉外仲裁：证据所在地的中级人民法院。

【点睛之笔】2015 年考试大纲增加了仲裁程序的行为保全这一考点，其具体的条件和程序规定与民事诉讼相一致，只是仲裁程序的行为保全同样不能依职权启动，只能依申请采取而已（无论是仲裁中还是仲裁前）。

命题点二：仲裁庭的组成和确定

仲裁庭的组成有两种，分别是合议仲裁庭和独任仲裁庭。

1. 合议仲裁庭。

（1）组成。

①合议仲裁庭是指由 3 名仲裁员组成的仲裁庭。

②合议仲裁庭应设首席仲裁员。

③在裁决不能形成多数意见时，仲裁裁决则应当按照首席仲裁员的意见作出。

【陷阱提示】这一点不同于诉讼，审判中合议庭不能形成多数意见时，应当提交审判委员会讨论决定，而不能按照审判长的意见作出。

（2）确定。

①应当各自选定或者各自委托仲裁委员会主任指定 1 名仲裁员。

②第三名仲裁员由当事人共同选定或者共同委托仲裁委员会主任指定，第三名仲裁员是首席仲裁员。

2. 独任仲裁庭。

（1）组成：由 1 名仲裁员组成的仲裁庭。

（2）确定：

①应当由当事人共同选定或者共同委托仲裁委员会主任指定该独任仲裁员。

②当事人没有在仲裁规则规定的期限内选定仲裁员的，由仲裁委员会主任指定。

【点睛之笔】之所以这样规定，是因为独任仲裁庭必须有一名仲裁员主持仲裁。

命题点三：仲裁员的回避

1. 回避的形式。根据法律的规定，仲裁员回避的形式包括自行回避和申请回避两种。

（1）自行回避。自行回避即仲裁员认为自己具有法定的回避事由，从而主动提出回避的请求。仲裁员的自行回避，应当向仲裁委员会提出。

（2）申请回避。当事人认为仲裁员具有应当回避的事由，有权提出要求该仲裁员回避的申请。当事人提出回避申请，应当说明理由，并在首次开庭前提出。回避事由在首次开庭后知道的，可以在最后一次开庭终结前提出。当事人的回避申请既可以用书面形式提出，也可以用口头形式提出。

2. 回避的决定权：

（1）仲裁员是否回避，由仲裁委员会主任决定；

（2）仲裁委员会主任担任仲裁员时的自行回避，由仲裁委员会集体决定。

3. 仲裁员回避的法律后果。因回避重新选定或者指定仲裁员后，当事人可以请求已进行的仲裁程序重新进行，但是否准许，由仲裁庭决定。仲裁庭也可以自行决定已进行的仲裁程序是否重新进行。

【点睛之笔】仲裁员回避后，先前的仲裁程序效力待定，其决定权在仲裁庭。

命题点四：仲裁的审理方式

1. 仲裁程序的不公开。

对于仲裁案件，以不公开进行为原则，公开进行为例外。只有当事人协议公开的，才可以公开进行，但涉及国家秘密的除外（即仍不公开进行）。

2. 开庭。

仲裁应当开庭进行。当事人协议不开庭的，仲裁庭可以根据仲裁申请书、答辩书以及其他材料作出裁决。

【点睛之笔】仲裁原则上不公开开庭审理，这一点与民事审判原则上公开开庭审理的要求不同。

命题点五：仲裁中的调解、和解和裁决

1. 调解。仲裁程序中，也应当适用调解原则。在当事人自愿的情况下，仲裁庭应当主持调解。调解不成的，及时裁决。调解达成协议的，仲裁庭应当制作调解书或者根据协议的结果制作裁决书。

（1）调解结案的形式：调解达成协议后，可以制作调解书，也可以制作裁决书。

【陷阱提示】仲裁中的调解与诉讼程序的调解有很大区别，因为在诉讼程序中，在达成调解协议后，当事人要求制作判决书的，人民法院不予支持（涉外案件和无民事行为能力人的离婚案件除外）。

（2）调解书的生效：调解书由仲裁员签名，加盖仲裁委员会印章，送达双方当事人。调解书经双方当事人签收后，即发生法律效力。这就意味着在调解书签收前当事人可以反悔，此时调解书不发生效力，仲裁庭应当及时作出裁决。

【陷阱提示】一旦制作了裁决书，即使是根据协议结果制作的裁决书，也是作出即生效，而无须经当事人签收才生效。

2. 和解。当事人申请仲裁后，可以自行和解，无须在仲裁庭主持下。达成和解协议的，当事人有如下两种方式可以选择：

（1）请求仲裁庭根据和解协议作出裁决书。

【陷阱提示】这里不同于审判中的和解，在审判中，法院根据和解协议作调解书，仲裁中根据和解协议作出的是裁决书，而非调解书。

（2）可以撤回仲裁申请。

【点睛之笔】当事人达成和解协议，撤回仲裁申请后反悔的或对方拒不履行和解协议的，可以根据原仲裁协议再申请仲裁。

【陷阱提示】在这里我们总结几个常考的问题，当事人达成和解协议，撤回仲裁申请后反悔的或对方拒不履行和解协议的：

①能否向法院起诉？不能，原因在于此时原仲裁协议依然存在，有效的仲裁协议排斥法院管辖。

②能否向法院申请强制执行呢？不能，和解协议没有强制执行力。

③那么双方可否重新达成仲裁协议申请仲裁？可以，虽然此时原仲裁协议依然存在，但是不排斥新的仲裁协议。新协议可以变更原协议。

3. 裁决。

（1）仲裁裁决的作出。

①一般情况下，实行少数服从多数的原则，即仲裁裁决应当按照多数仲裁员的意见作出，少数仲裁员的不同意见可以记入笔录。

【陷阱提示】这里不同于诉讼，诉讼中合议庭组成人员的不同意见也必须记入笔录。

②在仲裁庭不能形成多数意见时，裁决应当按照首席仲裁员的意见作出。

（2）仲裁裁决书。

①裁决书的内容。裁决书应当写明仲裁请求、争议事实、裁决理由、裁决结果、仲裁费用的负担和裁决日期。当事人协议不愿写明争议事实和裁决理由的，可以不写。

【陷阱提示】这里不同于诉讼中审判作出的文书，法院作出的裁判文书必须写明结果和理由。

②裁决书的签名。裁决书由仲裁员签名，加盖仲裁委员会印章。对裁决持不同意见的仲裁员，可以签名，也可以不签名。

【陷阱提示】这里不同于诉讼，在诉讼中，即使持不同意见的审判人员也必须签名。

③裁决书的生效——作出生效。

裁决书自作出之日起发生法律效力，裁决作出后，当事人不得就已经裁决的事项再行申请仲裁，也不得向法院起诉，否则即相当于违背了一事不再理。

【预测试题】全安公司与爱乐公司因买卖合同发生纠纷，双方按照约定申请仲裁，则下列选项中正确的是？[1]

A. 仲裁庭可以在仲裁过程中主动进行证据或财产保全

B. 双方可以约定由三名仲裁员进行仲裁

C. 双方可以要求仲裁庭根据双方达成的和解协议制作调解书

---

〔1〕 答案：BD。仲裁程序不存在依职权保全，只能依申请启动；仲裁和解制作的是裁决书，而非调解书。

D. 本案虽然由三名仲裁员组成仲裁庭，但最后可能只有一名仲裁员在裁决书上签名

命题点六：仲裁裁决的撤销和不予执行

1. 仲裁裁决的撤销。

（1）申请时间：自收到裁决书之日起 6 个月内提出。

【陷阱提示】考生需要明确这里的"收到"既不等于"作出"，也不等于"生效"。仲裁裁决作出生效，而申请撤销的 6 个月期间是从收到裁决书之日起算。

（2）申请主体：仲裁申请人和被申请人。

（3）管辖法院：向仲裁委员会所在地的中级人民法院提出。

（4）法定情形：

①当事人在合同中没有仲裁条款或者事后没有达成书面仲裁协议的；

②仲裁的事项不属于仲裁协议的范围或者仲裁委员会无权仲裁；

③仲裁庭的组成或者仲裁的程序违反法定程序；

④仲裁裁决所依据的证据是伪造的；

⑤对方当事人隐瞒了足以影响公正裁决的证据的；

⑥仲裁员在仲裁该案时有索贿受贿、徇私舞弊、枉法裁决的行为。

【点睛之笔】无协议＋超范围＋组成、程序违法＋伪造证据＋隐瞒证据＋有不法行为

（5）法院处理：

①撤销：理由成立，在 2 个月内裁定撤销该仲裁裁决。

②驳回：未发现仲裁裁决具有法定可被撤销的理由的，应在受理撤销仲裁裁决申请之日起 2 月内作出驳回申请的裁定。

③通知仲裁庭重新仲裁：如果认为可以由仲裁庭重新仲裁的，可以通知仲裁庭在一定期限内重新仲裁，并裁定中止撤销程序。仲裁庭拒绝重新仲裁的，人民法院应当裁定恢复撤销程序。仲裁庭重新仲裁的，应当裁定终结撤销程序。

【陷阱提示】通知重新仲裁的适用，限于违反《仲裁法》第 58 条规定中的两种情形，即仲裁裁决所根据证据是伪造的和对方当事人隐瞒了足以影响公正裁决的证据的（证据原因）。

2. 仲裁裁决的不予执行。

（1）申请时间：执行开始后到执行完毕之前。

（2）申请主体：是承担实体义务的人。

（3）管辖法院：受理执行案件的中级人民法院，即由被执行人住所地或者被执行的财产所在地中级人民法院管辖。

【点睛之笔】有人＋有钱的两地中院

（4）法定情形：

①当事人在合同中没有仲裁条款或者事后没有达成书面仲裁协议的；

②裁决的事项不属于仲裁协议的范围或者仲裁机构无权仲裁的；

③仲裁庭的组成或者仲裁的程序违反法定程序的；

④裁决所根据的证据是伪造的；

⑤对方当事人向仲裁机构隐瞒了足以影响公正裁决的证据的；

⑥仲裁员在仲裁该案时有贪污受贿、徇私舞弊、枉法裁决行为的。

【点睛之笔】根据修改后的《民事诉讼法》，不予执行仲裁裁决和撤销仲裁裁决的法定情形实现了统一。即同为"无协议＋超范围＋组成、程序违法＋伪造证据＋隐瞒证据＋有不法行为。"

【陷阱提示】不予执行针对的仅仅是仲裁裁决，不包括仲裁调解书或者根据当事人之间的和解协议、调解协议作出的仲裁裁决书。因此法律规定当事人请求不予执行仲裁调解书或者根据当事人之间的和解协议、调解协议作出的仲裁裁决书的，人民法院不予支持，但该仲裁调解书或者仲裁裁决违背社会公共利益的除外。

【关联考点】1. 仲裁当事人申请撤销仲裁裁决被法院驳回后，又在执行程序中以相同理由申请不予执行的，法院不予支持；当事人向法院申请不予执行被驳回后，又以相同理由申请撤销仲裁裁决的，人民法院不予支持。

2. 仲裁当事人在仲裁程序中没有提出对仲裁协议效力的异议，此后以仲裁协议无效为由申请撤销或不予执行，法院不予支持。我把这三个规定称为仲裁程序中的三个"不予支持"。

【点睛之笔】《仲裁裁决执行规定》第20条第2款对撤销仲裁裁决与不予执行仲裁裁决司法审查的程序予以衔接。"在不予执行仲裁裁决案件审查期间，当事人向有管辖权的人民法院提出撤销仲裁裁决申请并被受理的，人民法院应当裁定中止对不予执行申请的审查；仲裁裁决被撤销或者决定重新仲裁的，人民法院应当裁定终结执行，并终结对不予执行申请的审查；撤销仲裁裁决申请被驳回或者申请执行人撤回撤销仲裁裁决申请的，人民法院应当恢复对不予执行申请的审查；被执行人撤回撤销仲裁裁决申请的，人民法院应当裁定终结对不予执行申请的审查，但案外人申请不予执行仲裁裁决的除外。"以避免被执行人滥用司法程序阻碍执行，并减少重复审查造成的司法资源浪费。

【预测试题】某仲裁委员会对民风公司与公泉公司的合同纠纷案件作出仲裁裁决，民风公司认为该裁决确有错误，则下列选项中正确的是？[1]

A. 民风公司可以在仲裁裁决生效之日起6个月内申请撤销仲裁裁决
B. 民风公司可以向仲裁委员会所在地中级法院申请不予执行该仲裁裁决
C. 如果民风公司以该案适用法律错误为由申请不予执行仲裁裁决，则不会得到支持
D. 民风公司申请撤销仲裁裁决后，公泉公司申请执行该裁决的，法院可以暂不受理

命题点七：比较不予执行仲裁裁决和撤销仲裁裁决

区别	撤销仲裁裁决	对仲裁裁决不予执行
1. 提出请求的当事人不同	有权提出撤销仲裁裁决申请的当事人可以是仲裁案件的任何一方当事人，不论其是仲裁裁决确定的权利人还是义务人，都有权提出	有权提出不予执行仲裁裁决的当事人只能是被申请执行仲裁裁决的一方当事人。
2. 提出请求的期限不同	当事人请求撤销仲裁裁决的，应当自收到仲裁裁决书之日起6个月内向人民法院提出。	当事人申请不予执行仲裁裁决的则是在对方当事人申请执行仲裁裁决之后，法院对仲裁裁决的执行程序执行完毕之前。
3. 管辖法院不同	当事人申请撤销仲裁裁决，应当向仲裁委员会所在地的中级人民法院提出。	当事人申请不予执行仲裁裁决的，应当向被执行人住所地或被执行财产所在地的中院提出。

---

[1] 答案：C。仲裁裁决不予执行的管辖法院为受理执行案件的中级人民法院，即由被执行人住所地或者被执行的财产所在地中级人民法院管辖；适用法律错误并非申请不予执行的法定事由；一方当事人申请执行仲裁裁决，另一方当事人申请撤销仲裁裁决的，应当裁定执行中止。

续表

区别	撤销仲裁裁决	对仲裁裁决不予执行
4. 法律程序不同	法院认为可由仲裁庭重新作出裁决的，通知仲裁庭在一定期限内重新仲裁。	法院无须通知仲裁庭重新仲裁。

【预测试题】 下列有关仲裁裁决的说法正确的是?[1]

A. 仲裁裁决执行由被执行人所在地和被执行人财产所在地的中级法院管辖，符合一定条件的，也可交给基层法院执行

B. 仲裁裁决的不予执行原则上由被执行人所在地和被执行人财产所在地的中级法院管辖，符合一定条件的，也可由被执行人所在地和被执行人财产所在地的基层法院管辖

C. 在不予执行仲裁裁决案件审查期间，当事人向有管辖权的人民法院提出撤销仲裁裁决申请并被受理的，人民法院应当裁定中止对不予执行申请的审查；被执行人同时申请撤销仲裁裁决和不予执行仲裁裁决时，其撤回撤销仲裁裁决申请的，应当视为一并撤回不予执行仲裁裁决申请

D. 仲裁当事人申请确认仲裁协议效力的案件，由选定仲裁委员会所在地的中级人民法院管辖；如果没有选定仲裁委员会或者选定的不明确的，由被申请人住所地或者仲裁协议签订地的中级人民法院管辖

命题点八：仲裁与诉讼的异同比较

1. 仲裁属于社会救济，仲裁机构是民间组织。

2. 仲裁是一种准司法行为。如果说法院的审判是司法行为，那么仲裁类似于审判，所以称作准司法行为。

【点睛之笔】 关于这一点，考生掌握一个基本的立场，即诉讼中法院能做的，仲裁中仲裁机构一般也可以做。

【预测试题】 关于法院与仲裁庭在审理案件有关权限的比较，下列哪些选项是正确的?[2]

A. 在一定情况下，法院可以依职权收集证据，仲裁庭也可以自行收集证据

B. 对专门性问题需要鉴定的，法院可以指定鉴定部门鉴定，仲裁庭也可以指定鉴定部门鉴定

C. 当事人在诉讼中或仲裁中达成和解协议的，法院可以根据当事人的申请制作判决书，仲裁庭也可以根据当事人的申请制作裁决书

D. 当事人协议不愿写明争议事实和判（裁）决理由的，法院可以在判决书中不予写明，仲裁庭也可以在裁决书中不予写明

---

[1] 答案：AC。仲裁当事人申请不予执行仲裁裁决的案件，由被执行人住所地或被执行财产所在地的中级人民法院管辖。为强化仲裁裁决不予执行的司法监督，不予执行的管辖规则并未修改，依然在中院，B错误。申请确认仲裁协议效力的案件，由仲裁协议约定的仲裁机构所在地、仲裁协议签订地、申请人住所地、被申请人住所地的中级人民法院或者专门人民法院管辖，D错误。

[2] 答案：AB。当事人在诉讼中达成和解协议的，法院应当根据当事人的申请制作调解书，请求制作判决书的，人民法院不予支持（例外：涉外案件＋无民事行为能力人的离婚案件）；而在仲裁中达成和解协议，仲裁庭就是根据当事人的申请制作裁决书；裁判文书必须写明结果和理由，这是文书说理制度的要求，而仲裁裁决书可以不写事实和理由。

客观题 主观题

内部嘟学班

▶ 录播课 + ▷ 直播课

全年保姆式课程安排

01 针对在职在校学生设置　　**02** 拒绝懒惰没计划效率低

03 全程规划督学答疑指导　　**04** 学习任务按周精确到天

你仅需好好学习其他的都交给我们

- ✓ 每日督学管理　　✓ 个人学习计划　　✓ 阶段测评模拟
- ✓ 专辅1V1答题　　✓ 个人学习档案　　✓ 考点背诵任务
- ✓ 主观题1V1批改

扫码立即
咨询客服

扫码下载
小嘟AI课APP

客观题　主观题

面授密训班

内部密训课程 ✅　内部核心资料 ✅　揭示命题套路 ✅

直击采分陷阱 ✅　传授答题思路 ✅　强化得分能力 ✅

**全封闭
管理**

**专题式
密训**

**专辅跟班
指导**

**阶段模拟
测评**

**点对点
背诵检查**

**手把手
案例批改**

**1V1
督学提醒**

扫码立即
咨询客服

扫码下载
小嘟AI课APP